现代人力资源管理与实务研究

王美艳　著

中国商务出版社
·北京·

图书在版编目(CIP)数据

现代人力资源管理与实务研究 / 王美艳著 . -- 北京：
中国商务出版社, 2024.8 -- ISBN 978-7-5103-5319-2

Ⅰ. F243

中国国家版本馆CIP数据核字第2024HS6842号

现代人力资源管理与实务研究

XIANDAI RENLI ZIYUAN GUANLI YU SHIWU YANJIU

王美艳　著

出版发行：中国商务出版社有限公司
地　　址：北京市东城区安定门外大街东后巷28号　　邮编：100710
网　　址：http://www.cctpress.com
联系电话：010-64515150（发行部）　010-64212247（总编室）
010-64269744（事业部）　010-64248236（印制部）
责任编辑：郭舒怡
排　　版：廊坊市展博印刷设计有限公司
印　　刷：北京建宏印刷有限公司
开　　本：787毫米×1092毫米　1/16
印　　张：10.25　　**字　数**：203千字
版　　次：2024年8月第1版　　**印　次**：2024年8月第1次印刷
书　　号：ISBN 978-7-5103-5319-2
定　　价：78.00元

前　言

企业若想适应市场化和全球化的要求，管理观念上要创新，人力资源管理体系也要完善，否则企业的发展前景将受到限制，做大做强也就变成了一句空话。现在，我国企业的人力资源管理仍处于由传统的人事管理向现代的人力资源管理转变中。传统的人事管理认为人力投资、工资、福利费、培训费都要计入生产成本，企业应想方设法减少人力投资以降低成本来提高产品竞争力。随着市场经济的发展，现代的资源管理理论认为，人力资源不仅是自然性资源，更重要的是一种资本性资源，人力资本的投资收益率高于一切其他形态资本的投资收益率。打一个比方：传统的人事管理主要按照上级决策进行组织分配和处理，是被动反应的“管家”；而人力资源管理是实现社会人力资源开发战略，是主动开发的“掘金者”。这样的差异决定了我们的策略管理模式也要区别于传统的人事管理。

传统的人事管理以“事”为中心，讲究组织和人员调配，看重事情处理的结果。它要求因事择人，根据工作所需的资格选择求职者。这样的做法当然是正确的，因为能实现事得其人和人适其事。可过分强调人适应工作，不着眼于人的开发利用，没有从根本上认识到人是一种宝贵的资源，会错失许多拥有高素质人才的机会。现代人力资源管理则以“人”为中心，重视人的培养和利用，挣脱了传统的人事管理的约束，不再把人看成技术因素的需要，而是把人当作一种使企业在激烈的竞争中生存和发展的特殊工具。

在全球社会经济发展、科技不断创新、网络信息化突飞猛进的背景下，企业应当结合自己的实际情况跟随社会发展步伐进行相应的改革创新，在这个竞争激烈的社会中生存壮大。

同时，人力资源管理作为一个企业的核心管理工作，是企业的重要力量，因此企业应当注重人才储备以及技术创新。在新经济背景下，企业加强对人力资源管理的创新尤为重要，企业只有保障人才团队平稳科学运作，才能引进更多更好的人才，因此每个企业都要根据自身的实际运营情况，结合时代发展，对人力资源经济管理模式进行创新，这是保证员工全心全意为企业奉献，进而促进企业的可持续性发展的基础。

本书由王美艳负责编写，王丽丽、李易、王璐鑫、郑瑶、刘畅、刘素英、冯小溪、陆旸、张丽楠对整理本书亦有贡献。

王美艳

2024年8月

目 录

第一章 现代人力资源管理的基本理论

第一节 现代人力资源概述

一、现代人力资源的概念

《现代汉语词典（第7版）》对“资源”的解释为“生产资料或生活资料的来源，包括自然资源和社会资源”。在经济学中，资源是为创造财富而投入生产活动的一切要素。人力资源是一种特殊资源，它的含义有广义与狭义两种：广义的人力资源指在一个国家或地区中，处于劳动年龄、未到劳动年龄和超过劳动年龄但具有劳动能力的人口的总和；而狭义的人力资源，学术界至今还没有统一的看法和认识。雷西斯·列科认为，人力资源是企业人力结构的产生和顾客商誉的价值；伊万·伯格认为，人力资源是人类可用于生产产品或提供各种服务的活动、技能和知识；内贝尔·埃利斯认为，人力资源是企业内部成员和与企业相关的外部人员，即总经理、雇员、合作伙伴和顾客等可提供潜在合作与服务及有利于企业经营活动的人力的总和。而国内学者郑绍濂从整个社会经济发展的宏观角度对人力资源进行界定，认为人力资源是能够推动整个经济和社会发展的具有智力劳动能力和体力劳动能力的人的综合，它应包括数量和质量两个方面。郑绍濂的观点在我国宏观人力资源问题研究中具有一定的代表性。

因此，人力资源是指一个国家或地区中的人所具有的对价值创造有贡献并且能够被组织利用的体力和脑力的总和。

二、现代人力资源的特征

当代经济学家把资源分为四类，即自然资源、资本资源、信息资源和人力资源。其中，人力资源是最重要的资源，是生产活动中最活跃的因素，被经济学家称为“第一资源”。与其他资源相比，人力资源具有如下主要特征。

（一）时效性

时效性，是指同一件事物在不同的时间里有很大的性质差异。自然界中的某些物质，如矿产资源，无论经过多长时间，都始终保持着自身效用，因此，它具有常效性，而不是时效性。其他物质资源则具有时效性，超过其生命过程的某些阶段就会失去效用，一旦错过了它的时效性，往往无法补救，除非开始另一个生命过程或者生命周期。

人在生命过程的不同阶段有着不同的生理和心理特点，人力资源的生成和发挥的作用也有各自不同的最佳时期。作为人力资源重要组成部分的知识和技术是人们实践经验的产物，具有一定的时效性，如果在一定的时间内运用这些知识和技术，就能发挥它们的最佳效用。如果闲置不用，超过一定的时间，这些知识和技术就可能变得陈旧、过时，失去其应有的效用（如专利技术）。现代科学技术日新月异，知识更新周期大大缩短，这就要求人们要格外注意人力资源的时效性。

（二）社会性

人力资源的社会性特征决定了在使用人力资源的过程中需要考虑工作环境、工伤风险、时间弹性等非经济、非货币的因素。自然资源只有自然性，而人力资源除具有自然性外，还具有社会性，这是人力资源区别于自然资源的根本特征。人力资源的社会性特征主要表现在以下两个方面。

第一，人力资源只有在一定的社会环境和社会实践中才能形成、发展和产生作用。人具有社会性，离开社会群体，完全孤立的个体是不可能存在的。同样，作为人力资源的人的劳动能力，是在劳动过程中得以形成和提高的能力。

第二，人力资源的开发、配置、使用和管理是人类有意识的自觉活动。劳动是人运用脑力和体力生产使用价值的过程，也可以说是人力资源的开发、配置、使用和管理的过程。人类有意识的自觉活动不仅表现为对自然资源的开发和利用是经过思考的，有计划、有目的的；还表现为对人类自身蕴藏的资源的开发、配置、使用和管理也是经过思考的，有计划、有目的的。而意识的本质是人脑对客观存在的主观映像，意识是在人与人的相互交往中得以产生和发展的。

（三）连续性

人力资源不仅具有时效性，同时还具有连续性，两者关系密切。首先，人力资源的连续性表现为不断积累知识。虽然人们掌握的大多数知识会随着社会和技术的发展被淘汰，但新的科学技术的出现及个人能力的提高均是建立在旧知识的积累之上的，如果没有旧知识的积累，整个人类社会就无法真正地发展。每个人只有不断学习，紧跟时代变化，才能提升自身的素质和能力。其次，从体力和脑力（人力资源的内容）的发展过程来看，人力资源既有阶段性，又有连续性。许多知识和技术，特别是应用性的知识和技术只在一定阶段内有效，超出一定阶段就会老化，但各学科和各阶层的知识和技术又是相互联系的，在它们之间总存在着某些共同的基础性的东西。正因为各个学科之间存在着相互联系，才使人力资源管理能更好地发展。通过对人的生理和心理（人力资源的载体）的发展过程进行探究可以发现，人力资源时效的最高峰是青壮年时期，但也应该看到，许多人年少得志，那是因为他（她）不断学习，不断开发自身潜能，所以人力资源时效在其高峰期后还可延续相当长的时间，甚至出现第二个高峰期。因此，在人力资源管理过程中，每一个组织都要注重挖掘成员的潜能并对其进行持续性开发；对于我们个人而言，一定要遵循“活到老，学到老”的原则。

（四）可再生性

自然资源和物质资源一旦耗尽，就不可能再生，但人力资源以人为天然的载体，是一种“活”的资源，并与人的自然生理特征相联系，因此，人力资源是可再生的。人力资源的可再生性是指人口的再生产和劳动力的再生产，社会通过人口总体和劳动力总体内个体之间的不断更换、更新和恢复的过程，实现人口的再生产和劳动力的再生产。“长江后浪推前浪，一代更比一代强”就说明了此道理。任何社会都不会因为某一个人的离开而停滞不前。

（五）主导性和能动性

组织作为一个由人、财、物构成的有机系统，其第一资源是人。只有人合理地支配其他资源，组织才能科学合理地存在和发展。人类与自然界其他生物不同，人类活动具有目的性、主观能动性和社会意识。人类不仅能适应环境，还能积极地改造环境；不仅能适应历史，还能创造历史。人类的这种能力将其同动物彻底地区别开。人力资源的能动性主要表现在知识和技术的创新、功利化的投向和自我强化上。人类的自我调控功能使其在从事经济活动时，总是处在操纵、控制其他资源的位置上。人类能根据外部的可能性、自身的条件和愿望，有目的地确定经济活动方向，并根据这一方向具体地选择、运用外部资源或主动适应外部资源。

（六）有限性和无限性

任何一种自然资源，其存在时间都是有限的，都只能在一定时间内满足人的需要。某些自然资源一旦消耗殆尽，就可能永远枯竭。但是，如果某种自然资源出现枯竭，人类就会开发新的资源。

以上是根据人们认识和开发自然资源的能力说明的，而不是根据自然资源本身。人力资源就其具体形式而言，即某个人、某群人或者某一代人，也同自然资源一样，是有限的，但有限之中又包含着无限，因此人力资源是有限和无限的统一。人作为人力资源的载体，既是自然的人，又是社会的人。人的生理条件和社会环境为人发展体力和脑力提供了有利条件，但同时这也是一种制约因素。任何人都只能在自身的生理条件和社会环境许可的范围内运用自身的体力和脑力资源，任何个体和群体的体力和脑力都是有限的，它们的开发和使用也是有条件的。对个体而言，生命是有限的，但在生命完结之前，对人力资源的开发和使用是不会停止的，尤其是智力资源。从人类延续的过程来看，每一代人所拥有的智力资源都是有限的，但人类一代又一代的延续过程是无限的。上一代人把他们的知识和技术以及其他认识成果传输给下一代，世世代代地传承下去，从而形成一条奔流不息的知识长河。

三、与人力资源相关的概念

（一）人才资源

人才资源是在一个国家或地区中具有较多科学知识、较强劳动技能，并且在价值创造过程中起关键或重要作用的人的总称，主要用来指代人力资源中比较杰出的那一部分。人才资源是人力资源的一部分，是人力资源中比较优质的资源，人才资源与人力资源的区别主要由质量决定。人力资源是具有智力劳动能力或体力劳动能力的人的总和，而人才资源主要是人力资源中各项能力均处于高水平的那一部分人。

（二）劳动力资源

劳动力资源是指一个国家或地区在一定的时期内拥有的劳动力的数量和质量的总和。判断一个国家劳动力资源的水平，不仅要看其数量，还要看其质量，尤其是劳动者的生产技术水平、文化科学水平和健康水平。与人力资源相比，劳动力资源相对较小，这是因为人力资源中还包括一些暂时未成为劳动力，但以后能够成为劳动力的人口。

（三）人口资源

人口资源是指一个国家或地区拥有人口的总量，它是人力资源和人才资源产生的基础，是人力资源和人才资源存在的依据，它主要表现为人口的数量，也重在数量。人力资源是人口资源的一部分，二者之间的区别主要由划分标准不同而产生。人口资源重在数量，而人力资源重在质量。

第二节 人力资源管理概述

人力资源管理是从传统的劳动人事管理发展而来的，若想了解人力资源管理，就需要先了解传统的劳动人事管理和现代人力资源管理的不同之处。

面对方兴未艾的经济全球化浪潮，如何有效提升大中型国有企业的竞争力，是我国加入世界贸易组织后亟待解决的大问题。美国人力资源管理学者指出，慎重地使用人力资源，可以帮助企业获取和维持其竞争优势，人力资源管理是在经营上采用的一种计划和方法，并通过员工的有效活动实现企业目标。毫无疑问，科学的人力资源开发和管理是保持企业旺盛生命力的关键。人力资源管理是管理学中一个重要的领域，研究如何生产、开发、配置和利用人力资源，是一个企业为实现企业目标、提高效率，运用心理学、社会学、管理学和人类学等相关科学知识和原理，对企业中的员工进行选拔、培训、考核等有计划、有组织、可控制和可协调的活动过程。现代人力资源管理是以传统的劳动人事管理为基础发展起来的，但二者有诸多不同之处。

现代人力资源管理取代计划经济模式下的劳动人事管理，并不是简单的名词置换，而是从思想理论到方法运用的根本转变。

从对人的认识来看，传统的劳动人事管理将人视为成本，视为生产过程中的支出和消耗，同物质资源一样，生产过程中应尽量降低人力成本，以提高产出率。现代人力资源管理则认为人是一种特殊的资本性资源。各个国家、组织和个人都在此资本性资源上大做文章，通过教育培训对人力资本进行投资，以期获得高额回报。同样，对于微观层次的人力资源管理，许多企业也不再一味地削减相关部门员工的开支，而是从总利润中拨出大量的资金用于员工每年的培训。这些企业看重的是人力资源蕴藏的巨大潜能，而这种潜能使人力资本投资收益率高于其他资本的投资收益率。

从被企业重视的程度来看，传统的劳动人事管理被当作事务性的管理，与企业的规划、决策毫不沾边，劳动人事管理人员的工作范围仅限于管理工资档案、人员调动等执行性工作。在现代企业中，人力资源被视为比其他资源更为宝贵的资源，人力资源管理被提升到战略决策的高度，人力资源规划成为企业的战略性规划，人力资源管理部门从无到有，现在的地位已上升到企业的决策层，人力资源的管理人员在企业中的地位也得到了大幅提高。

从管理方法来看，传统的劳动人事管理是被动、静态、孤立的管理。在这种模式下，大部分员工进入企业后，便被分配到某个岗位，直至退休。员工入职不容易，想离职也比较难。部分部门的招聘、录用、工资管理、奖惩、退休等工作被人为地分开，由各部门自行管理。各单位、各部门只重视本单位、本部门拥有的人力资源，却不重视是否有效地利用了这些资源，更谈不上对人力资源的开发，因此人力资源的浪费、闲置现象极为严重。这种静态、孤立、被动的人事管理阻碍了人力资源的流动、开发和合理有效的利用，违背了通过市场对资源实现合理配置的市场经济法则。现代人力资源管理是建立在市场经济基础之上的，按照市场经济法则，对员工的招聘录用、绩效考评和培训发展等进行全过程、主动、动态的管理，各个环节紧密结合，主动地对人力资源的各个方面进行开发和利用。人力资源不同时期的管理规划、培训开发总是与企业不同阶段的人力资源状况和目标紧密相连。人才市场体系的建立，使人力资源流动渠道更加畅通，员工进出变得容易，企业能始终保持活力。

从基本职能来看，传统的劳动人事管理是行政事务性的管理，强调具体操作，如人员招聘录用、档案管理、人员调动、工资奖金发放等。现代人力资源管理在传统劳动人事管理的基础上增加了人力资源规划、人力资源开发、岗位与设计行为管理、员工终身教育培训等内容，使现代人力资源的管理更具计划性、战略性、整体性和未来性。这是现代人力资源管理的精髓，也是现代人力资源管理与传统的劳动人事管理最大的区别。

一、人力资源管理的内容

人力资源管理为企业的总体战略目标服务，是一系列管理环节的综合。人力资源管理的主要内容包括以下几个方面。

（一）人力资源的战略规划

企业为适应内外环境的变化，依据企业总体发展战略，并充分考虑员工的期望而制定的企业人力资源开发与管理的纲领性长远规划被称为“人力资源战略规划”。它是企业人力资源开发与管理的重要指南，是企业发展战略的重要组成部分，也是企业发展战略实施的有效保障。企业为了实现自身的发展目标，在特定的地点和时间，必须有能够胜任特定工作的员工。聘用此类员工要经过人力资源规划、招聘和选择三道程序。

人力资源规划是企业系统地检查人力资源需求的过程，以确保在需要的时候能够聘到满足技术要求的员工。招聘是吸引足够数量的个体并且鼓励他们到企业工作的过程。选择是企业从众多申请人中录取那些适合企业自身及招聘岗位的个人的过程。

（二）人力资源管理的基础工作

岗位分析与岗位评价是企业人力资源管理的基础工作。岗位分析就是对企业所有工作岗位的特征和任职要求进行界定和说明，岗位分析的结果是形成每一个工作岗位的职位描述、任职资格要求、岗位业务规范。岗位评价是对企业内各个工作岗位的相对价值进行评估和判断，岗位评价的结果是形成企业不同工作岗位的工资体系。岗位分析和岗位评价就如同一款产品的说明书和标价，使员工“明明白白工作，清清楚楚挣钱”。

（三）人力资源管理的核心工作

人力资源管理的核心工作包括招聘、培训、绩效考核和薪酬管理。招聘是人力资源管理核心工作的首要环节，是企业不断从外部吸纳人力资源的过程，它能满足企业对人力资源的需求。培训是企业开发人力资源的重要手段，包括对员工的知识、技能、心理素质等方面的培训，是企业提升员工素质的重要保障。绩效考核是指运用科学的方法和标准对员工完成工作的数量、质量、效率及员工行为模式等作出综合评价，从而进行相应的薪酬激励、人事晋升激励或岗位调整，绩效考核是实施员工激励的重要基础。薪酬管理是企业人力资源管理中一个极为重要的工作，它主要包括薪酬制度与结构的设计、员工薪酬的计算与水平的调整、薪酬支付等内容，是企业对员工实施物质激励的重要手段。

（四）人力资源管理的其他工作

企业人力资源管理还包括一些其他日常的事务性工作，如人事统计、员工健康与安全管理、人事考勤、人事档案管理、员工合同管理等。围绕人力资源开展的管理活动的功能被称为人力资源管理的功能。人力资源管理的功能主要体现在四个方面，即“选人”“用人”“育人”“留人”。

“选人”即吸引人才，是指为实现企业发展目标而寻找与开辟人力资源渠道，通过对人员的招聘和选拔，将优秀的人才引进企业，为企业甄选出合适的人员并配置到相应的岗位上。“选人”是人力资源管理工作的先导，它为人力资源管理其他功能的实现提供了条件。

“用人”即激励人才，是人力资源管理的核心。“用人”是引导与改变员工的态度、行为，使其做好本职工作，最大限度地利用已有人力资源，为企业创造更大的价值。

“育人”即开发人力资源，是人力资源管理的手段和动力。通过培训激发员工的工作兴趣，提高员工的素质，帮助员工成长，使员工更好地规划职业生涯。只有让员工掌握相应的工作技能，才能为实现激励功能提供客观条件，否则员工会“心有余而力不足”。

“留人”是保障，是指使现有员工满意并愿意安心地在本企业工作。对于企业来说，保留一支优秀的员工队伍非常重要；对于员工来说，好领导、好的工作氛围与工作条件是决定自己去留的重要因素。因此，企业要采取各种有效的方法留住人才，尤其要留住重要技术岗位与管理岗位的人才。

二、人力资源管理的特征

人力资源管理，是组织为了更好地实现目标进行的以人为核心的选拔、使用、培养、激励等活动，通常分为人力资源开发和人力资源管理两个方面。具体工作内容包括人力资源规划、职位分析、绩效管理、薪酬管理、员工招聘、员工培训、劳动关系管理、员工心理援助等。与物质性资源管理不同，人力资源管理具有以下特征。

（一）人力资源管理具有明显的综合性

信息管理、财务管理涉及的都是本学科体系的知识；人力资源管理则涉及经济学、社会学、心理学、人才学、管理学等学科的内容，需要借助这些学科的基本理论和相关成果来发展自身。

（二）人力资源管理具有复杂性

人力资源管理主要体现在人与人之间的交往上。管理对象的主观能动性以及人与人之间的情感、利益关系的复杂性，使人力资源管理呈现复杂性。在人力资源管理活动中，管理者不仅要站在组织方的角度思考问题，还要站在管理对象的角度思考问题，注意听取管理对象的意见，强化与管理对象的互动，综合处理人力资源管理问题。

（三）人力资源管理具有文化性

不同的文化追求会导致人力资源管理的方式方法有差异。无论是宏观角度的人力资源管理，还是微观角度的人力资源管理，都具有特定的文化取向和人才观念。

比如，一些企业特别强调企业的和谐氛围，一些企业则特别强调人的能力素质；也有一些企业特别注重分配的公平性，还有一些企业则特别注重分配的激励性。这些不同的价值观的背后是企业文化特征的差异。因此，文化特征不同的企业，在人力资源管理理念、制度构建和操作上也会有一定的差异性。

（四）人力资源管理具有发展性

从传统的人事管理发展到以战略为核心的现代人力资源管理，管理的理念和方法在不断变革。员工在组织中的地位得到了肯定，有效管理员工、充分发挥员工的积极性的方式方法也在不断变化发展。就如何评价员工而言，随着人才测评技术的不断发展，逐步发展出了人才测评的新方法、新技术。因此，需要人力资源管理人员不断学习，提升自己的专业技能水平。

第三节　人力资源规划

一、人力资源规划的概念

人力资源规划是在依据企业的战略目标，明确企业现有的人力资源状况，科学预测企业未来人力资源供需状况的基础上，制定相应的政策和措施，以确保企业的人力资源不断适应企业经营和发展的需要，使企业和员工都能获得长远利益而进行的人力资源管理活动。

要准确理解人力资源规划的概念，必须把握以下五个要点。

第一，人力资源规划是在组织的战略目标基础上进行的。组织的战略目标是人力资源规划的基础。人力资源管理是组织管理系统中的一个子系统，要为组织发展提供人力资源支持，因此人力资源规划必须以组织的最高战略为目标。

第二，人力资源规划应充分考虑组织外部和内部环境的变化。一方面，政治、经济、法律、技术、文化等一系列因素的变化导致企业外部环境总是处于不断的变化中，企业的战略目标可能会随之变化和调整，从而引起企业内部人力资源需求的变动；另一方面，企业在发展过程中，不可避免地会出现员工的流出或工作岗位变化等，这可能引起企业人力资源的内部变化。因此，企业需要对这些变化进行科学的分析和预测，使组织的人力资源管理处于主动地位。

第三，人力资源规划的前提是对现有人力资源状况进行盘点。进行人力资源规划，首先要立足于企业现有的人力资源状况，从员工数量、年龄结构、知识结构、素质水平、发展潜力和流动规律等几个方面，对现有的人力资源进行盘点，并运用科学的方法，找出目前的人力资源状况与未来需要达到的人力资源状况之间的差距。

第四，人力资源规划的主要工作是制定人力资源管理制度和措施。例如，要对内部人员进行调动，就必须设置相应的晋升和降职处分制度，从而保证人力资源规划目标的实现。

第五，人力资源规划的最终目的是使企业和员工都获得长期利益。企业的人力资源规划不仅要关注企业的战略目标，还要切实关心企业中每位员工在个人发展方面的需要，帮助员工在实现企业目标的同时实现个人目标。只有这样，企业才能吸引、招聘到合格的人才，才能留住人才，从而提高企业的竞争力，实现企业的战略目标。

二、人力资源规划的作用

人力资源规划不仅在企业的人力资源管理活动中具有先导性和战略性，而且在实施企业总体规划中具有核心地位。具体而言，人力资源规划的作用主要体现在以下五个方面。

（一）有利于组织制定战略目标和发展规划

一个组织在制定战略目标、发展规划，以及选择决策方案时，要考虑自身的资源，特别是人力资源的状况。人力资源规划是组织发展战略的重要组成部分，也是实现组织战略目标的重要保证。人力资源规划促使企业了解与分析目前组织内部人力资源余缺的情况，以及未来一定时期内的人员晋升、培训或对外招聘的可能性，有助于制定组织战略目标和发展规划。

（二）有利于满足企业对人力资源的需求

企业内部和外部环境总是处于不断的发展变化中的，这就要求企业对其人力资源的数量、质量和结构等方面不断进行调整。企业如果不能事先对人力资源状况进行系统的分析，并采取有效措施，就会不可避免地受到人力资源问题的困扰。虽然企业可以在短时间内通过劳动力市场获得较低技能的一般员工，但是对企业经营起决定性作用的技术人员和管理人员一旦出现短缺，企业很难及时找到替代人员。因此，人力资源部门必须注意分析企业人力资源需求和供给之间的差距，制定各种规划，不断满足企业对人力资源多样化的需求。

（三）有利于人力资源管理工作的有序进行

人力资源规划作为一种功能性规划，是人力资源管理工作得以成功实施的重要前提。人力资源规划具有先导性和战略性，是组织人力资源管理活动的基础。它由总体规划和各种业务计划构成，可以在为实现组织目标而进行活动的过程中，为人力资源管理活动（如人员的招聘、晋升、培训等）提供可靠的信息和依据，从而保证组织人力资源管理活动的有序进行。

（四）有利于控制人工成本和提高人力资源的利用效率

人工成本在现代企业成本中占有很大的比例，而人工成本在很大程度上取决于人员的数量和分布情况。一个企业在成立初期，低工资的人员较多，人工成本相对较低。随着企业规模的扩大，员工数量的增加，员工职位的提升，工资水平的上涨，如果没有科学的人力资源规划，难免会出现人工成本上升、人力资源利用效率下降等情况。人力资源规划可以有计划地调整人员数量和分布状况，把人工成本控制在合理的范围内，提高人力资源的利用效率。

（五）有利于调动员工的积极性和创造性

人力资源规划不仅是面向组织的计划，也是面向员工的计划。许多企业面临员工跳槽的问题，一部分原因是企业无法为员工提供优厚的待遇或者通畅的晋升渠道，还有一部分原因是人力资源规划的空白或不足。并不是每个企业都是靠提供有诱惑力的薪金和福利来吸引人才的，许多缺乏资金、处于发展初期的中小企业照样可以吸引到优秀人才并迅速成长，它们的成功之处不外乎立足企业自身的情况，营造企业与员工共同成长的组织氛围。组织应在人力资源规划的基础上，引导员工进行职业生涯设计，让员工清晰地了解自己未来的发展方向，从而调动其工作的积极性和创造性。

三、人力资源规划的分类

（一）按照规划的时间长短划分

人力资源规划按时间的长短可分为长期人力资源规划、中期人力资源规划和短期人力资源规划。

1.长期人力资源规划

长期人力资源规划的期限一般为5年以上，对应企业的长期发展目标，是对企业人力资源开发与管理的总目标、总方针和总战略的系统谋划。长期人力资源规划的特点是具有战略性和指导性，没有十分具体的行动方案和措施，有的只是方向性的描述。

2.中期人力资源规划

中期人力资源规划的期限一般为1年以上5年以下，对应企业的中长期发展目标，包括对企业人力资源未来发展趋势的判断和发展的总体要求。中期人力资源规划的特点是方针、政策和措施的内容较多，但没有短期人力资源规划那样具体。

3.短期人力资源规划

短期人力资源规划是指1年或1年以内的规划，一般表现为年度、季度人力资源规划，主要是具体的工作规划。短期人力资源规划的特点是目标明确、内容具体，有明确具体的行动方案和措施，具有一定的灵活性。

这种期限的划分并不是绝对的。对于一些企业来说，长期人力资源规划、中期人力资源规划和短期人力资源规划的期限可能比上述的更长；而对于另一些企业来说，期限可能会更短。这取决于企业所在行业的性质和企业的生命周期等因素。

（二）按照规划的范围划分

人力资源规划按照范围的大小可分为整体人力资源规划、部门人力资源规划和项目人力资源规划。

1.整体人力资源规划

整体人力资源规划关系到整个企业的人力资源管理活动，是属于企业层面的，在人力资源规划中居于首要地位。

2.部门人力资源规划

部门人力资源规划指企业各个业务部门的人力资源规划。部门人力资源规划是在整体人力资源规划的基础上制定的，其内容专一性强，是整体人力资源规划的子规划。

3.项目人力资源规划

项目人力资源规划指某项具体任务的计划，是对人力资源管理特定课题的计划，如项目经理培训计划。项目人力资源规划与部门人力资源规划不同，部门人力资源规划针对的只是单个部门的业务，而项目人力资源规划是为某种特定的任务制定的。

（三）按照规划的性质划分

人力资源规划按照性质的不同划分为战略性人力资源规划和战术性人力资源规划。

1.战略性人力资源规划

战略性人力资源规划着重于总的、概括性的战略、方针、政策和原则，具有全局性和长远性，通常是人力资源战略的表现形式。

2.战术性人力资源规划

战术性人力资源规划一般指具体的、短期的、具有专业针对性的业务规划，其具有内容具体、要求明确、措施易落实和易操作等特点。

四、人力资源规划的内容

（一）人力资源总体规划

人力资源总体规划是对规划期内人力资源规划结果的总体描述，包括规划预测的需求和供给分别是多少，作出这些预测的依据是什么，供给和需求的比较结果是什么，企业平衡需求、供给的指导原则和总体政策是什么，等等。人力资源总体规划具体包括以下三个方面的内容。

1.人力资源数量规划

人力资源数量规划是指依据企业未来的业务模式、业务流程、组织结构等因素确定企业未来各部门人力资源编制以及各类职位人员配比关系，并在此基础上形成企业未来人力资源的需求计划和供给计划。人力资源数量规划主要解决企业人力资源配置标准的问题，它为企业未来的人力资源配置提供了依据，指明了方向。

2. 人力资源素质规划

人力资源素质规划依据企业战略、业务模式、业务流程和组织对员工的行为要求，设计各类人员的任职资格。人力资源素质规划是企业选人、育人、用人和留人活动的基础和前提。人力资源素质规划包括企业人员的基本素质要求、人员基本素质提升计划，以及关键人才招聘、培养和激励计划等。

3. 人力资源结构规划

人力资源结构规划是指依据行业特点、企业规模、战略重点发展的业务及业务模式，对企业人力资源进行分层分类，设计、定义企业职位种类与职位责权界限的综合计划。通过人力资源结构规划，可以理顺各层次、各种类职位人员在企业发展中的地位、作用和相互关系。

人力资源数量规划和人力资源素质规划都是依据人力资源结构规划进行的，因此人力资源结构规划是关键。

（二）人力资源业务规划

人力资源业务规划包括人员配备计划、人员补充计划、人员使用计划、培训开发计划、薪酬激励计划、劳动关系计划和退休解聘计划等。

1. 人员配备计划

人员配备计划是根据组织发展规划，结合组织人力资源盘点报告编制的。企业中每一个职位、每一个部门的人力资源需求都有一个合适的规模，并且这个规模会随着企业外部环境和内部条件的变化而变化。人员配备计划就是为了确定在一定时期内与职位、部门相适应的人员规模和人员结构。

2. 人员补充计划

人员补充计划即拟定人员补充政策，目的是使企业能够合理地、有目标地填补组织中可能产生的空缺。在组织中，常常会由于各种原因，如企业规模扩大，员工的晋升、离职、退休等，产生新职位或出现职位空缺。为了保证企业出现的空缺职位和新职位得到及时而又经济的补充，企业需要做好人员补充计划。

3. 人员使用计划

人员使用计划包括人员晋升计划和人员轮换计划。

人员晋升计划实质上是根据企业的人员分布状况和层级结构拟定的人员晋升办法。对企业来说，有计划地提升有能力的人员，不仅是人力资源规划的重要职能，还体现了对员工的激励。晋升计划一般由晋升比率、平均年资、晋升时间等指标来表达。

某一级别（如招聘主管）未来的晋升计划如表2-1所示。

表2-1　晋升计划范例

晋升到某级别的年资（年）	1	2	3	4	5	6	7	8
晋升比率（%）	0	0	10	20	40	5	0	0
累计晋升比率（%）	0	0	10	30	70	75	75	75

从表2-1可以看出，晋升到某级别的最低年资是3年，年资为3年的晋升比率为10%，年资为4年的晋升比率为20%，年资为5年的晋升比率为40%，其他年资获得晋升的比率很小。调整各种指标会使晋升计划发生改变，会对员工的心理产生不同的影响。

4.培训开发计划

培训开发计划是为了满足企业的可持续发展，在对需要的知识和技能进行评估的基础上，有目的、有计划地对不同人员进行的培养和开发。企业实施培训开发计划，一方面可以使员工更好地胜任工作，另一方面也有助于企业吸引和留住人才。

5.薪酬激励计划

对企业来说，薪酬激励计划有利于充分发挥薪酬的激励作用。企业通过薪酬激励计划可以在预测企业发展的基础上，对未来的薪资总额进行预测，并制定未来的人力资源政策，如激励对象、激励方式的选择等，以调动员工的积极性。薪酬激励计划一般包括薪资结构、薪资水平和薪资策略等内容。

6.劳动关系计划

劳动关系计划是关于减少和预防劳动争议、改善企业和员工关系的重要的人力资源业务计划。劳动关系计划在提高员工的满意度、降低人员流动率、减少企业的法律纠纷、维护企业的社会形象，以及为维护社会稳定作出贡献等方面发挥着不可估量的作用。

7.退休解聘计划

退休解聘计划是企业对员工采取的淘汰退出机制。在当今社会，绝大多数企业都不推行终身雇佣制，但不少企业依然存在大量的冗余人员。出现此现象的一个重要原因是企业只设计了员工向上晋升的通道，却未设计合理的员工向下退出的通道。晋升计划和退休解聘计划使企业的员工能上能下、能出能进，保证了企业人力资源的健康发展。

人力资源业务规划是人力资源总体规划的展开和具体化，它们分别从不同的角度保证了人力资源规划目标的实现。各项人力资源业务规划是相辅相成的，在制定人力资源业务规划时，应当注意各项计划之间的关系。例如，培训开发计划、人员使用计划和薪酬激励计划要相互配合。

五、人力资源规划的程序

人力资源规划是一个复杂的过程，涉及内容较多、人员范围较广，需要多方面的支持与协作。因此，规范和科学的人力资源规划程序是提高企业人力资源规划质量的保证。人力资源规划的程序一般分为五个阶段，即准备阶段、预测阶段、制定阶段、执行阶段和评估阶段。

（一）准备阶段

要想做好规划，就必须充分收集相关信息，人力资源规划也不例外。由于影响企业人力资源供给和需求的因素有很多，想要比较准确地作出预测，就需要收集有关的各种信息，这些信息主要包括以下几个方面的内容。

1.外部环境的信息

外部环境对人力资源规划的影响主要有两个方面：一方面是企业面对的大环境对人力资源规划的影响，如社会的政治、经济、文化等；另一方面是劳动力市场的供求状况、人们的择业偏好、企业所在地区的平均工资水平、政府的职业培训政策、国家的教育政策，以及竞争对手的人力资源管理政策等。这类企业外部环境同样对人力资源规划具有一定的影响。

2.内部环境的信息

内部环境的信息包括两个方面：一方面是组织环境的信息，如企业的发展规划、经营战略、生产技术、产品结构等；另一方面是管理环境的信息，如公司的组织结构、企业文化、管理风格、管理体系、人力资源管理政策等。这些因素都直接决定着企业人力资源的供给和需求状况。

3.现有人力资源的信息

人力资源规划要立足人力资源现状，只有及时准确地掌握企业现有人力资源的状况，人力资源规划才有意义。为此，企业需要借助人力资源信息管理系统，该系统能及时、准确地为人力资源规划提供企业现有人力资源的相关信息。现有的人力资源的相关信息主要包括个人的自然情况、录用资料、教育和培训资料、工资资料、工作执行评价、工作经历、服务与离职资料、工作态度调查、安全与事故资料、工作环境资料、工作与职务的历史资料等。

（二）预测阶段

人力资源预测阶段分为人力资源需求预测和人力资源供给预测，这个阶段的主要任务是在充分掌握信息的基础上，选择有效的人力资源需求预测和供给预测的方法，分析与判断不同类型的人力资源供给和需求状况。在整个人力资源规划中，这既是关键，也是难度最大的一个阶段。只有准确地预测出人力资源的供给与需求状况，才能采取有效的平衡措施。

1.人力资源需求预测

人力资源需求预测主要根据企业的发展战略和本企业的内外部条件选择预测技术，然后对人力资源的数量、质量和结构进行预测。在预测过程中，预测者及其管理判断能力与预测结果的准确与否关系重大。

2.人力资源供给预测

人力资源供给预测是人力资源规划的核心内容，其预测在某一未来时期，组织内部所能供应的（或经培训可能补充的）及外部劳动力市场所提供的一定数量、质量和结构的人员，以满足企业为达成目标而产生的人员需求。人力资源供给预测只有进行人员拥有量预测，并把它与人员需求量相对比之后，才能制定各种具体的规划。人力资源供给预测包括两部分：一部分是内部拥有量预测，即根据现有人力资源及其未来变动情况，预测出规划各时间点上的人员拥有量；另一部分是对外部人力资源供给量进行预测，主要确定在规划各时间点上的各类人员的可供量。

3.确定人员净需求

在进行人力资源需求预测和人力资源供给预测之后，需要把组织的人力资源需求与人力资源供给进行对比分析，从比较分析中测算出各类人员的净需求数。若这个净需求数是正数，则表明企业要招聘新的员工或对现有员工进行有针对性的培训；若这个净需求数是负数，则表明组织在这方面的人员是过剩的，应该精简或对员工进行调配。这里所说的“人员净需求”包括人员的数量、人员的质量和人员的结构，这样就可以有针对性地制定人力资源目标和人力资源规划。

（三）制定阶段

在收集到相关信息和分析了人力资源供需后，就可以制定人力资源规划了。人力资源规划的制定阶段是整个人力资源规划过程的实质性阶段，包括确定人力资源目标和人力资源规划内容两个方面。

1.人力资源目标的确定

人力资源目标是企业经营发展战略的重要组成部分，支撑着企业的长期规划和经营计划。人力资源目标以企业的长期规划和经营规划为基础，从全局和长期的角度考虑了企业在人力资源方面的发展和要求，为企业的持续发展提供人力资源保证。人力资源目标应该是多方面的，涉及人力资源管理各项活动。

人力资源目标应该满足以下原则：①目标必须是具体的；②目标必须是可以衡量的；③目标必须是可以达到的；④目标必须和其他目标具有相关性；⑤目标

必须具有明确的截止期限。

2.人力资源规划内容的确定

人力资源规划内容的确定，包括人力资源总体规划和人力资源业务规划的确定。在确定人力资源业务规划内容时，应该注意两点：其一，内容应该具体明确，具有可操作性；其二，业务性人力资源规划应涉及人力资源管理的各个方面。此外，各项人力资源业务计划应该相互协调，避免出现不一致甚至冲突的现象。

（四）执行阶段

人力资源规划的执行是企业人力资源规划的一项重要工作，人力资源规划的执行是否到位，决定了整个人力资源规划是否成功。人力资源规划一旦制定出来，就要执行。在人力资源规划的执行阶段，需要注意两个方面的问题：一方面，确保有具体的人员来负责既定目标的达成，同时要确保执行人力资源规划方案的人拥有达成这些目标的权力和资源；另一方面，要重视定期取得关于人力资源规划执行情况的进展报告，以保证所有的方案都能够在既定的时间里执行到位。

（五）评估阶段

对人力资源规划执行的效果进行评估是整个规划程序的最后一步。人力资源规划的评估包括两层含义：一是指在执行的过程中，要随时根据内外部环境的变化来修正供给和需求的预测结果，并对平衡供需的措施做出调整；二是指要对预测的结果以及制定的措施进行评估，对预测的准确性和措施的有效性作出衡量，找出其中存在的问题，总结相关经验，为以后的规划提供借鉴和帮助。

对人力资源规划进行评估应注意以下几个问题：①预测所依据信息的质量、广泛性、详尽性、可靠性；②预测所选择的主要因素的影响与人力资源需求的相关度；③人力资源规划者熟悉人事问题的程度，以及对这些问题的重视程度；④人力资源规划者与提供信息和使用人力资源规划的人事、财务部门以及各业务部门经理之间的工作关系；⑤有关部门之间信息交流的难易程度；⑥决策者对人力资源规划中提出的预测结果、行动方案和建议的利用程度；⑦人力资源规划在决策者心目中的价值；⑧人力资源各项业务规划实施的可行性。

第四节　人力资源管理发展的新趋势

21世纪，人类进入了一个以知识为主宰的全新经济时代。在这样一个快速变化的时代，独特的人力资源与知识资本成为企业的核心技能，人力资源的价值成为衡量企业整体竞争力的标志。同时，人力资源管理正经历着前所未有的来自各种力量的挑战和冲击，如信息网络的力量、知识与创新的力量、顾客的力量、投资者的力量、企业的变革力量等。21世纪的人力资源管理既有工业文明时代的深刻烙印，又包含着新经济时代的基本要求，从而呈现新的特点。

一、人才主权，赢家通吃

人才主权是指人才具有更多的就业选择权与工作中的自主决定权，而不是被动地适应企业或工作的要求。企业要尊重人才的选择权和工作的自主权，并站在人才内在需求的角度，为人才提供人力资源的产品与服务，以此赢得人才对企业的忠诚。人才不是通过简单的劳动获得工资的，而是要与资本所有者共享价值创造的成果。所谓的“人才主权，赢家通吃”，包括两个方面的含义：一是素质越高、越稀缺、越热门的人才，越容易获得选择工作的机会，其报酬也较高；二是人才资源优势越大的企业越具有市场竞争力，也就越容易吸纳和留住一流人才。

二、员工是客户

21世纪的人力资源管理者扮演着“工程师+销售员+客户经理”的角色。一方面，人力资源管理者要具有专业的知识与技能；另一方面，人力资源管理者要具有向高层管理人员及员工推销人力资源产品与服务方案的技能。人力资源经理也是“客户经理”，所谓“客户经理”，就是要为企业各层级提供人力资源管理系统方案。企业向员工提供的产品与服务主要包括以下几个方面。

（一）共同愿景

通过提供共同愿景，将企业的目标与员工的期望结合在一起，满足员工的事业发展期望。

（二）价值分享

通过提供富有竞争力的薪酬体系及价值分享系统满足员工的多元化需求，包括企业内部信息、知识经验的分享。

（三）人力资本增值服务

通过提供持续的人力资源开发、培训，提升员工的人力资本价值。

（四）授权赋能

让员工自主工作，参与管理，并承担更多的责任。

（五）支持与援助

通过建立支持与援助工作系统，为员工完成个人与企业的发展目标提供条件。

三、人力资源管理的重心——知识型员工

人力资源管理的重心是开发与管理知识型员工，关注知识型员工的特点，对知识型员工采取不同的管理策略。

知识型员工拥有知识资本，因而在企业中有很强的独立性和自主性，这就必然带来如下一些新的管理问题。

（1）授权赋能与人才风险管理。一方面，企业要授权给员工，给员工一定的工作自主权；另一方面，企业要防范授权所带来的风险。一个人才可能会给企业带来巨大的价值，也可能会导致整个企业的衰败。人才风险管理是人力资源管理的一个新课题。

（2）企业价值要与员工成就意愿相协调。知识型员工具有很强的成就欲望与专业兴趣，如何确保员工的成就欲望和专业兴趣与企业的目标保持一致是一个新课题。例如，研发人员要面向市场，把注意力集中在为企业开发可以满足市场需求的产品上，而不仅仅是获得业界的支持。

（3）改变工作模式，如线上工作团队。知识型工作往往需要团队与项目合作，其工作模式是跨专业、跨职能、跨部门的，有时还没有固定的工作场所，而是通过信息和网络组成线上的工作团队或项目团队，这种工作模式与工业文明时期在严格的等级秩序、细密的分工条件下的工作模式完全不同。如何进行知识型工作的设计，也是21世纪人力资源管理的新课题。

知识型员工具有较高的流动意愿，一般不希望在一个企业中工作至退休，由追求终身就业“饭碗”，转向追求终身就业能力。因此，对知识型员工的管理要注意以下几点。

（1）员工忠诚具有新的内涵。流动是必然的，关键在于如何建立企业与员工之间的忠诚关系。

（2）流动速度的加快，使企业人力投资风险由谁承担成为企业必须回答的问题。

（3）流动过频、集体跳槽会给企业管理带来危机。

知识型员工的工作过程难以直接监控，工作成果也难以用具体事物来衡量，这致使价值评价体系的建立变得复杂而不确定。因此，对知识型员工的管理主要包括以下几个方面。

（1）如何区分个体劳动成果与团队劳动成果。

（2）报酬与绩效的相关性。知识型员工更加关注个人的贡献与报酬之间的相关性，这就要求企业建立公正、客观的绩效考核体系。

（3）工作定位与角色定位。在知识创新型企业中，每个人的位置不再按照工

业文明时期企业严格的等级秩序和细致的分工体系精确定位，而是按照现代管理制度进行模糊定位。

在知识创新型企业中，传统的工作说明书的作用越来越有限，取而代之的是角色说明书，即对人力资源进行分层、分类的管理，在不同层次、不同类别下确定员工的任职资格、行为标准和工作规范。传统的工作说明书已经不能精准地确定一个人在企业中的定位，解决不了在知识创新型企业中需要跨越部门、跨越职能的团队合作问题。

由于知识型员工的能力与贡献差异大，出现了混合交替式的需求模式，需求要素及需求结构也有了新的变化。对于知识型员工来说，报酬不仅是一种生理层面的需求，还是个人价值与社会身份和地位的象征。从某种意义上说，报酬是成就欲望层次上的一种需求。知识型员工的内在需求模式是混合交替式的，这使报酬设计更为复杂。知识型员工不仅需要获得劳动收入，还需要获得人力资本的资本收入，即需要分享企业价值创造的成果。知识型员工有新的内在需求，这些需求是传统的需求模式难以概括的，如利润与信息分享需求、终身就业能力提高的需求、工作变换与流动增值的需求、个人成长与发展的需求等。

领导界限模糊化，其主要如下。

(1) 在知识创新型企业中，领导与被领导的界限变得模糊，知识正替代权威成为企业的主导因素。个人对企业的价值不再仅仅取决于其在管理职务上的高低，而是取决于其拥有的知识和信息量。领导与被领导之间是以信任、沟通、承诺、学习为基本互动方式的。

(2) 知识型员工的特点要求领导方式进行根本性的转变。

(3) 要建立知识工作系统和创新授权机制。

四、人力资源管理的核心——人力资源价值链管理

价值创造就是在理念上要肯定知识创新者和企业家在企业价值创造中的主导作用。在企业中，人力资源管理的重心要遵循“二八规律”，即要关注那些能够为企业创造巨大价值的人，他们的数量在企业中仅占20%，但是他们不仅创造了80%的价值，还能带动企业其他80%的人。注重形成企业的核心层、中坚层、骨干层，同时实现企业人力资源的分层、分类管理。

价值评价问题是人力资源管理的核心问题，其内容是指通过确定价值评价体系及评价机制，使人才的贡献得到承认，使真正优秀的为企业所需要的人才脱颖而出，使企业形成凭能力和业绩吃饭，而不是凭政治技巧吃饭的人力资源管理机制。

企业通过建立价值分配体系来满足员工的需求，从而有效地激励员工，这就

需要企业提供多元的价值分配形式，包括职权、机会、工资奖金、福利股权的分配等。企业应注重挖掘员工的潜能，向员工提供面向未来的人力资源开发内容，提高其终身就业能力。

五、企业与员工关系的新模式

21世纪，企业与员工之间的关系需要靠新的规则来确定，这种新的规则就是劳动契约与心理契约。一方面，要依据市场法则确定员工与企业双方的权利、义务及利益关系；另一方面，企业必须与员工一起建立共同愿景，在实现共同愿景的基础上就“核心价值观”达成共识，培养员工的职业道德，实现员工的自我发展与管理。

六、人力资源管理在企业中的战略地位上升，管理责任下移

人力资源成为企业的战略性资源，人力资源管理要为企业战略目标的实现承担责任。人力资源管理在企业中的战略地位逐渐上升，并在企业中得到保证，如很多企业成立了人力资源委员会，使高层管理者关注并参与到企业人力资源的管理活动中。人力资源管理由行政权力型转为服务支持型。人力资源职能部门的权力被淡化，但直线经理的人力资源管理责任逐渐增加，员工自主管理的权利也有所增加。

七、人力资源管理的全球化与信息化

人力资源管理的全球化是由企业的全球化决定的。企业的全球化必然要求人力资源管理策略的全球化，尤其是我国加入世界贸易组织以后，面对的人才流动都是国际化的。国际化的人才交流市场与人才交流形式已经出现，并将成为主要形式。不仅要在区域市场内体现人才的价值，还要按照国际市场的要求来看待人才的价值。因此，跨文化的人力资源管理成为人力资源管理的重要内容。

八、人才流动速度加快，流动交易成本与流动风险增加

人才流向高风险、高回报的知识创新型企业，以信息网络为工具的线上工作形式呈现不断增长的趋势。员工由追求终身就业“饭碗”转向追求提高终身就业能力。通过流动实现增值成为人才流动的内在动力，集体跳槽与集体应聘成为人才流动的新现象，因此企业需要强化人才流失的风险管理。

九、沟通共识

“信任、承诺，尊重、自主，服务、支持，创新、学习，合作、支援，授权、

赋能”将成为人力资源管理的新准则。21世纪，企业与员工之间、管理者与被管理者之间、同事之间将按新的规则处理关系。即如何在沟通的基础上达成共识；如何在信任的基础上获得承诺；如何在自主的基础上达到有效的管理；如何为创新型团队提供支持和服务，使企业形成一种创新机制；如何使企业变成一个学习型的企业；如何进行团队合作和授权赋能。

十、人力资源管理的核心任务——形成智力资本优势

人力资源管理的核心任务是通过对人力资源的有效开发与管理，提升客户满意度。企业的人力资源管理要将经营客户与经营人才结合在一起，要致力维持、深化、发展两种关系：维持、深化、发展与客户的关系，提升客户满意度，以赢得客户的终身价值；维持、深化、发展与员工的战略合作伙伴关系，提升人力资本价值。

第二章 现代人力资源的培训与开发

第一节 人力资源培训与开发概述

一、人力资源培训与开发的含义与类型

培训与开发是企业通过相应的项目改进员工能力水平和企业业绩的一种有计划的、连续性的工作。其中，培训的主要目的是使员工获得目前工作所需的知识和能力，帮助员工完成好当前的工作；开发的主要目的是使员工获得未来工作所需的知识和能力，帮助员工胜任企业中其他职位的工作，并且通过提高他们的能力使他们能够承担目前可能尚不存在的工作。在实际工作中，培训与开发密不可分，因为培训中使用的技术与开发中使用的技术通常是相同的，而且两者在许多时候都要注重员工与企业当前和未来发展的需要。人力资源培训常见的分类方式主要有以下几种。

（一）按照培训的内容分类

按照培训的内容不同，可将培训分为基本技能培训、专业知识培训和工作态度培训。基本技能培训是通过培训使员工掌握从事当前工作必备的技能；专业知识培训是通过培训使员工掌握完成本职工作所需要的业务知识；工作态度培训是通过培训改善员工的工作态度，使员工与企业之间建立起互相信任的关系，让员工对企业更加忠诚。这三类培训对于员工个人和组织绩效的改善都具有非常重要的意义，因此在培训中应给予足够的重视。

（二）按照培训的对象分类

按照培训的对象不同，可将培训分为新员工培训和在职员工培训。新员工培

训又称岗前培训，是指对新进员工进行的培训，主要是让新员工了解企业的工作环境、工作程序、人际关系等；在职员工培训是对企业中现有人员的培训，主要是为了提高现有员工的工作绩效。

（三）按照培训的目的分类

按照培训的目的不同，可将培训分为应急性培训和发展性培训。应急性培训是企业急需什么知识、技能就培训什么。例如，企业计划新购一台高精度的仪器，而目前又没有员工能够操作，就需要进行针对此仪器的应急性培训。发展性培训是从企业的长远发展需要出发而进行的培训。

（四）按照培训的形式分类

按照培训的形式不同，可将培训分为岗前培训、在职培训和脱产培训。岗前培训也称入职培训，是为了使员工适应新职位需要而进行的培训；在职培训就是在工作中直接对员工进行培训，员工不离开实际职位；脱产培训是让员工离开职位，进行专门的业务和技术培训。

二、人力资源培训与开发的意义与原则

（一）培训与开发的意义

培训与开发是现代企业人力资源管理的重要组成部分。现代企业管理注重人力资源的合理使用和培养，要想提高企业的应变能力，就需要不断提高人员素质，使企业及其员工能够适应外界的变化，并为新的发展创造条件。培训与开发是一个系统化的行为改变过程，最终目的就是通过工作能力、知识水平的提高，以及对个人潜能的充分发挥，提高员工的工作绩效，进而实现企业的目标。具体而言，培训与开发具有以下重要意义。

1．提高员工的职业素质

员工培训的直接目的就是提高员工的职业素质，使其更好地胜任现在的日常工作及未来的工作任务。有效的培训与开发能够帮助员工提高自身的知识、技能，改变他们的态度，增强他们对企业战略、经营目标、规章制度、工作标准等的理解，从而促进员工职业素质的全面提高，有利于员工增强应对当前及未来工作变化的能力。此外，现代社会职业竞争性和流动性的增强也使员工认识到培训的重要性，进而将培训作为增长自身知识、技能和就业能力的一个重要途径。

2．调动员工的工作积极性

培训可以提高员工的职业素质，这不仅为员工取得好的工作绩效提供了可能，也为员工提供了更多晋升和获得较高收入的机会，进而调动员工的工作积极性。此外，培训还能够满足员工对知识的渴望，满足其日益增长的文化生活需求，进

而从精神上促使他们安心并努力工作。

3．增强企业的竞争优势

企业之间的竞争主要是人才的竞争，尤其是在以知识经济资源和信息资源为重要依托的新时代，智力资本已成为获取生产力、竞争力和经济成就的关键因素，即企业的竞争不再依靠自然资源、廉价的劳动力、精良的机器和雄厚的财力，而是依靠知识密集型的人力资本。企业必须通过不断培训与开发高素质的人才获得竞争优势。正如圣吉所说："未来唯一持久的优势，是比你的竞争对手学习得更快。"通过培训与开发，一方面，可以使员工及时掌握新知识、新技术，确保企业拥有高素质的人才队伍；另一方面，可以营造鼓励学习的良好氛围，提高企业的学习能力，建设学习型企业，进而增强企业的竞争优势。

4．培育优秀的企业文化

实践证明，优秀的企业文化对员工具有强大的凝聚、规范、导向和激励作用。因此，企业文化建设得到越来越多企业的青睐，进而成为员工培训的重要内容。作为企业成员共有的一种价值观和道德准则，企业文化必须得到全体员工的认可，这就需要不断地向员工进行宣传教育，而培训与开发就是其中非常有效的一种手段。

（二）培训与开发的原则

企业为了实现培训目标，完成培训任务，在实施培训的过程中必须遵循多种原则。其中最基本的原则有以下几个。

1．战略原则

培训与开发需要高瞻远瞩，运用战略性思维，以前瞻性的角度探讨企业的培训需求，明确企业中长期的培训目标，进而制订详细的培训计划，变被动为主动，保证培训工作的循序渐进、井然有序，促使培训与企业发展战略相适应，与技能要求接轨，与企业文化相协同。企业应构建并实施战略性培训与开发，从企业战略及人力资源管理战略出发，用全局、系统的观点设计培训与开发的目标和内容，将企业文化置于企业使命及企业战略后面通盘考虑，增强培训与开发的整体性、协调性与有效性，从而实现企业战略目标。

2．理论联系实际原则

培训与开发同普通教育的根本区别在于，它特别重视与实践相结合，强调针对性与实践性。企业发展需要什么、员工缺什么就培训什么，克服培训脱离实际，向学历教育靠拢的倾向，不搞形式主义，讲求实效，学以致用。此外，培训与开发应该根据企业经营和发展状况，以及企业员工的特点来进行，既讲授专业技能知识和一般原理，提高受训者的理论水平和认识能力，又解决企业在经营管理中存在的一些实际问题，以提高企业的整体效益和管理水平。

3. 因材施教原则

企业不仅职位繁多，员工水平参差不齐，而且员工在人格、智力、兴趣、经验和技能方面均存在差异，故而培训与开发工作应因人而异，不能采用普通教育“齐步走”的方式。也就是说，要根据不同的对象选择不同的培训与开发的内容和方式，有的甚至要针对个人情况制订独特的发展计划。培训部门应该加大研究力度，深层次挖掘培训与开发需求，开展深度咨询辅导，满足员工的个性化要求，将培训与开发向深层拓展、向细节延伸。

4. 主动参与原则

培训与开发要重视员工的参与和合作，充分调动他们的主动性、积极性与创造性，使他们在整个过程中能够自发地体验到学习与创造的乐趣，从而成功实现从“要我学”向“我要学”的转变。日本的许多企业非常重视落实培训与开发的主动参与原则，这些企业在培训与开发上一般采用“自我申请”制度：首先，员工定期填写申请表，主要反映员工过去5年内的能力提高及发挥情况和今后5年的发展方向及对个人能力发展的自我设计；其次，上级针对员工申请表与员工面谈，互相沟通思想，统一看法；最后，上级在员工申请表上填写意见后，报人事部门存入人事信息库，作为以后制订员工培训计划的依据。

5. 灵活性原则

由于企业里不同的职位有着不同的工作特性，培训与开发的形式及方法也应该灵活多样。除采用课堂讲授外，还应适当应用参观考察、网络培训、案例研讨、员工自学、导师制等方式，使员工开阔思路和眼界，增长实际才干。

6. 效益原则

从经济学的角度来讲，培训与开发是企业的一种投资行为，属于人力资本投资。因此，和其他投资一样，培训与开发投资也要从投入产出的角度考虑效益大小及远期效益、近期效益问题。企业应该努力提高干部培训与开发的质量和效果，使其真正成为能提高企业持续竞争力的“发动机”，为企业创造经济效益与社会效益；提高培训与开发的投入产出比，实现培训与开发工作效益的最大化。

三、人力资源培训与开发的基本学习原理

培训与开发从本质上讲是一个学习过程。因此，进行培训与开发，有必要了解学习的基本原理。

（一）学习的含义

人们普遍接受的学习的含义是，因经验而发生的相对持久的行为改变。理解

学习的含义，需要注意几个方面的问题：第一，学习包含变化。从企业的角度来看，这一点有利有弊。人们可以学习好的行为，也可以学习不好的行为。培训的目的是使员工的行为向好的方面改进。第二，这种变化应该是相对持久的。暂时的变化可能只是反射的结果，而不是学习的结果。因此，在学习方面需要把那些疲劳或暂时的适应性导致的行为改变排除在外。第三，学习关注的是行为，只有行为活动出现了变化，学习才会发生。如果个体仅仅在思维或态度上发生变化，而行为未发生相应变化，则不能称为学习。第四，学习必须包含某种类型的经验。学习可以通过观察或直接经验得到，也可以通过间接经验得到。其中关键的问题在于这种经验是否导致了相对持久的行为变化。如果是，我们就可以说学习发生了。总之，行为的变化表明了学习的发生，学习是行为的改变。

（二）学习的理论

了解学习理论是成功实施培训与开发的基础。最具有代表性的学习理论是行为主义学习理论、认知主义学习理论、人本主义学习理论与建构主义学习理论。

1. 行为主义学习理论

行为主义学习理论将学习定义为在刺激和反应之间建立联结的过程。行为主义学习理论较有代表性的理论是社会学习理论和操作条件反射学习理论。

（1）社会学习理论

社会学习理论是20世纪60年代兴起的一种理论，它的创始人是美国行为主义心理学家、斯坦福大学教授阿尔伯特·班杜拉（Albert Bandura）。班杜拉认为，行为的习得或形成可以通过反应的结果进行学习，也可以通过榜样的示范进行学习；人类可以通过对榜样的观察进行学习，而且人类的大部分行为是通过观察榜样的行为得到的。因此，我们在培训中要注意为受训者树立良好的榜样；在文化知识教学和操作及运动技能的培养和训练中，培训者更要做好示范，并根据观察学习过程的特点，突出知识和技能的主要特征，以吸引受训者的注意。在受训者运用知识或具体操作的过程中，培训者要及时进行指导，纠正和改进受训者的错误，并调动受训者的学习主动性和自主性，通过自我调节改进自己的学习方式。

（2）操作条件反射学习理论

美国当代著名的心理学家伯勒斯·弗雷德里克·斯金纳（Burrhus Frederic Skinner）是行为主义学习理论的代表人物之一，是操作条件反射学习理论的创始人。他认为条件反射有两种，即伊万·彼得罗维奇·巴甫洛夫（Иван Петрович Павлов）的经典条件反射和操作性条件反射。操作性条件反射与经典条件反射有一些区别，即前者没有条件刺激，也不是靠条件刺激与无条件刺激相结合而形成条件反射，它的形成源于动物的一种随意活动，而且是欲求行为的结果。欲求行为就是动物在生理需求驱动下的一种行为表现，如饥饿驱使动物到处觅食。另外，在操作性条件反射的建立过程中，刺激和反应都必须先于报偿，即先接受刺激，再做出行为反应，最后才得到报偿。斯金纳认为，一切行为都是由反射构成的，反射有两种，行为也必然有两种，即应答性行为和操作性行为。因此，学习也分为两种，即反射学习和操作学习。斯金纳更重视操作学习，他认为操作行为更能代表人在现实中的学习情况，认为人的学习几乎都是操作学习。斯金纳提出了编制程序教学的五项基本原则（原理）：小步子原则、积极反应原则、及时强化（反馈）原则、自定步调原则、低的错误率原则。在程序学习中，强调学习者的循序渐进、积极反应、及时反馈等原则，体现了学习的一般规律和要求。

2. 认知主义学习理论

20世纪50年代中期之后，杰罗姆·布鲁纳（Jerome Bruner）、戴维·保罗·奥苏贝尔（David Pawl Ausubel）等一批认知心理学家开展了大量创造性的工作，进一步强调了认知过程的重要性，使认知主义学习理论在学习理论的研究中开始占据主导地位。认知主义心理学家认为学习的实质并非形成刺激与反应的联结，而是形成或改变认知结构。但不同的心理学家对认知结构的认识存在很大差异。布鲁纳认为，认知结构是指个体过去对外界事物进行感知、概括的一般方式或由经验组成的观念结构，其主要成分是“一套感知的类别”；学习的结果是形成与发展认知结构，即形成各学科领域的类别编码系统。奥苏贝尔所说的认知结构是指个体头脑中已形成的，按层次组织起来的，能使新知识获得意义的概念系统；学习者通过发现或者接受的方式获得新知识，并将新知识与头脑中已有的认知结构进行积极的相互作用，使新知识获得心理意义，已有的认知结构得到扩充或改变。认知主义学习理论主要关注课堂情境中知识技能的获得、概念的形成和问题解决等内容的学习。认知主义学习理论承认在刺激与反应间存在着中介心理过程，看到了学习者的能动性，因此适用于解释人类较为高级的认知学习现象。

3. 人本主义学习理论

人本主义学习理论是20世纪50年代末至20世纪60年代初兴起的。从某种程度上说，人本主义学习理论是独立于行为主义和认知主义理论的，其主要代表人物是亚伯拉罕·哈罗德·马斯洛（Abraham Harold Maslow）和卡尔·兰塞姆·罗杰斯（Carl Ransom Rogers）。该理论主要以马斯洛的学说为新的基础来重新认识学习。人本主义学习理论主张从人的直接经验和内部感受来了解人的心理，强调人的本性、尊严、理想和兴趣，认为人的自我实现和为自我实现而进行的创造才是人行为的决定性力量；学习的实质是个人潜能的发展、人格的发展、自我的发展。该理论反对行为主义对学习实质的看法，认为学习不是刺激与反应的机械联结，而是一个有意义的心理过程，学习的实质在于意义学习。当然这种意义学习与奥苏贝尔提出的意义学习不同，它包含了价值、情绪的色彩，涉及的不仅仅是认知成分的参与，还是整个人，是认知与情感的融合，强调学习过程中个体的积极参与和投入。人本主义学习理论强调学习的结果是使学生成为一个完善、有用、整体人格得到发展的人。

4．建构主义学习理论

建构主义学习理论是当代最重要的学习理论之一，兴起于20世纪80年代末。该理论最早的提出者可追溯至瑞士的让·皮亚杰（Jean Piaget），他是认知发展领域最有影响力的一位心理学家。建构主义学习理论认为，学习的实质是个体主动建构自己知识的过程。它更加强调学习者的主体作用，强调学习的主动性、社会性和情境性；认为学习的过程就是一个自我建构的过程，每个人进行的信息加工活动都是独特的、与他人不同的。学习的结果是围绕关键概念建构起自己的网络结构知识。从行为主义、认知主义、人本主义再到建构主义，其学习主张演变表现出了一些显著特点，即越来越重视学生的自主学习、合作学习与发现学习。总而言之，受训者不是被动地接受已有的知识和经验，而是亲自去发现；学习过程是受训者主动建构的过程，培训者在教学中仅起管理者的作用，把学习的自主权交给受训者，把课堂交给受训者，由受训者来决定学什么及怎样学。此外，每种学习理论对员工的培训与开发都具有非常重要的指导意义与应用价值。

四、人力资源培训与开发和人力资源管理其他职能的关系

培训与开发作为战略性人力资源管理体系的一个重要组成部分，必须为企业战略的需要服务，而且要与人力资源管理的其他职能活动相协调，以获得协同效应。

（一）与工作分析的关系

工作分析是培训与开发活动的重要基础之一，通过工作分析形成各个职位的工作描述与任职资格，不仅是培训与开发的一个主要内容，而且是培训与开发必须考虑的一个重要因素。此外，培训与开发为企业进行企业架构和工作的重新设计奠定了基础。

（二）与人力资源规划的关系

一方面，人力资源规划包含培训与开发业务规划，是培训与开发的前提之一，指导着培训与开发的有效实施；另一方面，培训与开发是人力资源规划得以顺利实现的重要保证，如员工配置计划、接替计划与继任计划等，都需要以培训与开发为前提。

（三）与招募甄选的关系

招募甄选的质量影响着培训与开发工作，招募甄选的质量高，人员与职位的匹配程度就高，培训与开发的任务相对就比较轻。此外，培训与开发也会影响招募甄选，如果企业重视培训与开发，提供的培训与开发机会越多，对应聘者的吸引力就越大，招募甄选的效果就会越好。

（四）与绩效管理的关系

绩效评价结果是培训与开发需求分析的一个基本依据，可以使其更具针对性，而培训与开发工作可以改善员工的工作业绩，进而有助于更好地达到绩效管理的目的。

（五）与薪酬管理的关系

培训与开发能够提高员工的知识与技能，改善工作绩效，从而带动员工报酬的增加，间接地对员工产生激励作用，提高他们的工作满意度。从另外一个角度讲，培训与开发已经成为企业的一种福利形式，是员工报酬体系的一个组成部分。

（六）与员工关系管理的关系

培训与开发可以促进良好员工关系的形成：它使员工认同企业文化，增强员工对企业的归属感，强化企业的凝聚力和向心力，进而优化与协调员工关系；它还可以使员工掌握人际关系处理的技巧，培养他们的团队意识，以减少员工之间的摩擦，建立和谐的人际关系。

第二节　人力资源培训的程序

要想有效地做好培训工作，就要把培训视为一项系统工程，即采用一种系统设计的方法，使培训活动符合企业的目标，同时让其中的每一环节都能实现员工个人、工作及企业本身三个方面的优化。

一、分析培训需求

培训需求分析是增强培训效果的重要基础，只有明确了培训需求，才能保证培训内容和培训方法达到培训目的。对于培训需求分析，具有代表性的方法是包含企业分析、任务分析和人员分析的三要素分析法。

（一）企业分析

企业分析主要根据企业战略、组织绩效、企业环境、企业资源、企业文化、工作设计、招聘新员工和生产新产品等因素确定本企业对人力资源素质的要求。下面主要分析企业战略与组织绩效对培训需求的影响及要求。

1．企业战略

企业的经营战略会产生培训需求，企业的发展战略与经营重点不同，培训的重点与方向也会有所不同。

2．组织绩效

企业分析的一个重要危害是组织绩效的各种运行标准。对人力资源数据进行连续、详细的分析，能够找到培训的薄弱环节，进而提炼出培训需求。例如，可以看看哪个部门的员工流动率高、缺勤率高、绩效低或有其他缺点，据此确定培训需求。企业需要分析的特定信息和运行标准来源包括事故记录、辞职会见、顾客的投诉、装备使用数据、废物/废料/质量控制数据等。从整个企业的角度对组织绩效进行评价的指标有数量、质量、时间、成本、态度和行为等。

（二）任务分析

任务分析主要是确定工作的具体内容，即描述工作由哪些任务组成，完成这些任务需要做哪些具体的工作，以及所需的知识、技能或能力等。这里所说的任务分析并不等同于工作分析，而是主要研究怎样完成各自所承担的职责和任务，即研究具体任职者的工作行为与期望的行为标准，找出其间的差距，从而确定培训内容。任务分析通常按以下四个步骤来进行。首先，选择有效的方法，列出一个职位所要履行的工作任务的初步清单。其次，对所列出的任务清单进行确认。这需要回答几个问题：任务的执行频率如何？完成每项任务所花费的时间是多少？成功完成这些任务的重要性和意义是什么？完成这些任务的难度有多大？再次，对每项任务需要达到的标准作出准确的界定，尽量用可以量化的标准来表述，例如“每小时生产20个”。最后，确定完成每项工作任务的知识、技能和态度。

（三）人员分析

人员分析可以确定企业中哪些人员需要接受培训，以及需要接受什么样的培训，主要通过分析员工目前的绩效水平与预期的工作绩效水平判断是否有对其进行培训的必要。首先，设定绩效评价的指标和标准；其次，将员工目前的工作绩效与预先设定的目标或者以前的绩效水平进行比较，当绩效水平下降或者低于标准时，就形成了培训需求的压力点。但是这个压力点并不意味着必须立即对员工进行培训，企业还要对员工绩效不佳的原因进行分析，以提炼出培训需求。影响员工绩效的因素有很多，如个人的知识、技能或能力，态度和动机，设备、时间、预算等资源方面的支持，来自上级、同事的反馈和强化，薪酬激励，等等。如果员工不具备工作所需的知识、技能或能力，则需要对他们进行培训；如果是其他方面的问题，则不是培训能够解决的。人员分析也与职位变动有关，如管理人员的继任计划或通常的工作轮换都会产生培训需求。在人力资源管理实践中，企业分析、任务分析与人员分析之间没有一定的先后顺序，但由于企业分析关注的是培训是否与企业的战略目标相匹配，解决的主要是企业层面的问题，通常先进行企业分析，然后再进行任务分析与人员分析。

二、设置培训目标

设置培训目标将为培训计划提供明确的方向和遵循的构架。有了目标才能确定培训对象、内容、时间、培训者、方法等具体内容，并可在培训之后，对照目标进行效果评估。目标可以针对每个培训阶段设置，也可以面向整个培训计划设置。确定培训目标的作用表现在：结合受训者、管理者、企业各方面的需要，满足受训者方面的需要；帮助受训者理解其为什么需要培训；将培训的目标与企业目标协调一致，使培训目标服从企业目标；使培训结果的评价有一个基准，有助于明确培训成果的类型；指导培训政策及其实施过程；为培训的组织者确立必须完成的任务。正是因为培训目标具有如此重要的作用，所以其设置应该成为整个培训与开发过程中的一个相对独立的步骤。培训目标的设置要符合企业的发展目标，而且让每项任务均有一个目标，让受训者了解受训后要达到的目标，进而让培训目标明确和具有可操作性。在设置具体的培训目标时，应当包括三个构成要素：一是内容要素，即企业期望员工做什么事情；二是标准要素，即企业期望员工以什么样的标准来做这件事情；三是条件要素，即员工要在什么条件下达到这样的标准。例如，在对商店的售货员进行顾客服务培训时，培训目标就应当这样设置：培训结束之后，员工应当能够在不求助他人或者不借助资料的情况下（条件要素），在1分钟的时间内（标准要素），向顾客解释清楚产品的主要特点（内容要素）。培训目标的内容要素主要分为三大类：一是知识的传授，通过培训使员工具备完成工作所需的基本业务知识，了解企业的基本情况，如公司的发展战略、经营方针、规章制度等；二是技能的培养，通过培训使员工掌握完成工作所需的技术和能力，如谈判技术、操作技术、应变能力、沟通能力、分析能力等；三是态度的转变，通过培训使员工具备完成工作所需的工作态度，如合作性、积极性、自律性和服务意识等。

三、拟订培训计划

拟定培训计划实际上就是培训目标的具体操作化，即根据既定目标确定培训对象、培训项目、培训者、培训时间与地点、培训方式与方法、培训预算、学制、课程设置方案、课程大纲、教材与参考书、考核方法、辅助器材设施等。拟定正确的培训计划必须兼顾许多具体的情境因素，权衡培训计划的现实性、可操作性和经济性。下面分别来谈谈在拟定培训计划时，如何选择或确定培训对象与培训立项、培训者、培训时间、地点与设施、培训方式与方法，以及培训预算等。

（一）培训对象与培训立项的确定

培训对象的确定是培训需求分析的自然结果。以人员分析为例，那些不具备工作所需知识、技能或能力的员工，就被确定为培训对象。培训对象直接影响培训项目的立项，培训对象的数量与质量决定培训项目是否可以立项及相关内容的选择。此外，培训项目的立项还需得到受训者的直接上级主管的认可与支持，这是培训得以成功的关键。由于培训涉及预算，企业中的多个培训项目必须排出先后次序，通常情况下，应在企业目标的基础上划分层次。

（二）培训者的确定

培训能否获得成功，在很大程度上取决于培训者的素质与能力，所以企业要特别重视培训者的甄选和训练工作，将其纳入培训计划。一般来说，培训者首先应从企业内部选择，如果没有合适的资源再转向企业外部。比较而言，内部培训者和外部培训者各有优缺点：内部培训者对企业较为了解，沟通容易，费用低，缺点是培训经验欠缺，创新能力差，员工接受度低；外部培训者经验丰富，创新能力强，有新思路、新观念，员工接受度高，缺点是费用高，针对性差，责任心不强。企业应视培训对象、培训内容等具体情况选择合适的培训者。

（三）培训时间、地点与设施的确定

培训时间安排要考虑培训需求与受训者（如工作任务的紧张程度）等因素。在培训需求不紧迫，而员工工作又特别繁忙时，最好不安排培训；反之，则可根据时间合理安排培训。培训地点的选择与培训规模、培训成本、培训方法等有关。例如，培训人数多，则应选择在一个比较宽敞的地方进行培训；采用课堂授课法，则应在教室进行。此外，在培训计划中，还应当清楚地列出培训所需的设备，如桌椅、音响、投影仪、屏幕、黑板、文具等，准备好相应的设备也是培训顺利实施的一个重要保障。

（四）培训方式与方法的确定

培训要想收到满意的效果，还必须根据具体情况，因时、因地、因人而异地采用各种不同期限、不同要求的培训方式与方法。没有哪一种方式与方法能够适应所有的培训要求，因此培训方式与方法的选择应以如何有效地实现培训目标并满足个人需要为基础。

（五）培训预算的确定

培训经费一般是有限的，这就需要事先编制培训经费预算，将培训直接产生的费用，如场租费、设备费、教材费与培训者酬金等详细地列清楚，以保证培训计划的顺利实施，并为培训评估做好准备。

四、开展培训活动

培训计划的实施与培训目标的实现要依靠精心的组织和实施，培训的开展需要组织者、培训者和受训者三方的密切配合。一般而言，在培训开展阶段，又分为准备、具体培训及培训迁移三个过程。

（一）准备过程

培训的准备过程主要是事先落实培训计划中的一些工作及事项，以确保具体培训的正常进行，主要包括：通知培训者及受训者在规定时间到规定地点报到，明确报到地点、培训地点的标志；桌、椅、黑板、多媒体教学用具的准备，以及各种训练教材及教材以外的必读资料的准备；编排课程表、学员名册、考勤登记表；各种证书及有关考评训练成绩用的考评表及试题的准备；等等。

（二）具体培训过程

在具体培训过程中，培训者或培训组织者应介绍培训的主题、要求、内容及日程安排等。这个过程中最关键的是培训者要选用科学、合适的培训方式方法对受训者进行知识、技能或能力、态度等方面的培训，以增强培训效果。培训组织者要注意培训者和受训者的表现，以便及时沟通协调；培训结束时，应该向培训者致谢，并组织填写培训反馈表，发放结业证书，清理、检查设备，等等。整个具体培训过程需要通过人工、录音或摄像等方式做好记录，以便存档备查。

（三）培训迁移过程

企业要让受训者将在具体培训过程中学到的内容运用到实际工作中，这样培训才具有现实意义，否则就有违培训的初衷，对企业资源造成极大的浪费。此外，培训效果的有效迁移，与一些基本条件也有着密切的联系，这些条件主要包括良好的氛围、上级的支持、同事的支持、良好的信息技术支持系统与自我管理等。

五、评估培训效果

培训效果评估是培训与开发系统流程的最后一个程序，这一步骤主要是对培训的效果进行一次总结性的评估或检查，找出受训者究竟有哪些收获与提高。在对培训效果进行评估时，需要研究以下问题：培训后员工的工作行为是否发生了变化？这些变化是不是培训引起的？这些变化是否有助于实现企业的目标？下一批受训者在完成相同的培训后是否会发生相同的行为变化？只有当企业能在培训与工作绩效间建立联系时，才能确保培训是成功的。培训效果评估主要包括两个方面：一是培训效果评估的标准，即评估的具体内容；二是培训效果评估的设计，即评估的具体技术及方法。下面分别对这两者进行分析。

（一）培训效果评估的标准

培训效果评估的标准也可以说是培训效果评估的内容。这方面最有代表性的观点是美国人力资源管理学家唐纳德·L.柯克帕特里克（Donald L. Kirkpatrick）的四层次评估模型，即反应、学习、行为和成果。

1. 反应

反应即测定受训者对培训项目的反应，主要是了解培训对象对整个培训项目和项目的某些方面的意见和看法，包括培训项目是否反映了培训需求，项目所含各项内容是否合理和适用等。这可以通过面谈、问卷调查的方法收集评价意见。但应该注意，这种意见可能带有主观性和片面性，即使这些意见是客观的，也仅仅是看法而不是事实，不足以说明培训的实际效果和效益。可以将这些信息作为改进培训内容、培训方式、教学进度等方面的建议，或综合评估的参考，但不能作为评估的结果。

2. 学习

学习即测定受训者对所学的原理、技能、态度的理解和掌握程度。这项指标可以用培训后的考试、实际操作测试来考查。如果在培训前和培训后对培训对象都进行同样的测试，通过比较两次测试的结果，更容易了解培训的效果。如果受训者没有掌握应该掌握的东西，说明培训是失败的；如果受训者只是在书面上掌握了所学的知识和技能，而不能把所学的东西运用到实际工作中，培训仍然不能算成功。

3. 行为

行为即测定受训者经过培训后在实际工作中行为的改变，以判断所学知识、技能对实际工作的影响。这是考查培训效果最重要的指标。但由于这种行为的变化受多种因素的影响，如工作经验的逐步丰富、有效的激励、严格的监督等都可能对员工的行为产生影响，可采用控制实验法进行测量，即将员工分为实验组和控制组。实验组为参加培训的员工，控制组为不参加培训的员工，同时对这两组人员进行培训前测试和培训后测试，将两组人员的测试结果进行比较，以此对培训效果作出评估。

4．成果

成果即测定培训对企业经营成果具有何种具体而直接的贡献，如生产率的提高、质量的改进、离职率的下降和事故的减少等有多少是由培训引起的。这可以用成本效益分析法来测量。

（二）培训效果评估的设计

培训效果评估的设计也是培训效果评估的具体方法，包括定性的方法和定量的方法。定性的方法与定量的方法各有优缺点，现实的做法是将定性的方法与定量的方法结合使用，以弥补彼此的弱点，强化各自的优势。具体而言，常用的培训效果评估方法有目标评价法、绩效评价法、关键人物评价法和收益评价法等。

1．目标评价法

目标评价法要求在制订培训计划时，将受训者完成培训计划后应学到的知识、技能，以及应改进的工作态度及行为、应达到的工作绩效标准等目标列入其中。培训课程结束后，应将受训者的测试成绩和实际工作表现与既定培训目标相比较，得出培训结果，作为衡量培训效果的根本依据。目标评价法操作成功的关键在于确定培训目标，所以在培训实施之前，企业应制定具有可确定性、可检验性和可衡量性的培训目标。

2．绩效评价法

绩效评价法是由绩效分析法衍生而来的。它主要被用于评估受训者行为的改善和绩效的提高。绩效评价法要求企业建立系统而完整的绩效评价体系。在这个体系中，要有受训者培训前的绩效记录。在培训结束3个月或半年后，对受训者再进行绩效评价时，只有对照以前的绩效记录，企业才能明确地看出培训效果。

3．关键人物评价法

关键人物是指与受训者在工作上接触较为密切的人，可以是他的上级、同事，也可以是他的下级或者顾客等。有研究发现，在这些关键人物中，同级最熟悉受训者的工作状况，因此可采用同级评价法，向受训者的同级了解其培训后的改变。这样的调查通常很容易操作，可行性强，能够提供很多有用的信息。同其他培训效果评估方法一样，同级评价法也有缺陷，尽管同级间相互很了解，但由于存在竞争，有时评估结果会失真。而让上级来评估培训效果同样避免不了局限性，因为有的上级不太了解全面的情况，很有可能会主观臆断。因此，学者设计了一种360度评估法——由上级、下级、顾客、同事，甚至培训管理者等从不同角度来评估受训者的变化。这种方法对了解工作态度或受训者培训后行为的改变比较有效。

4．收益评价法

企业的经济性特征迫使企业必须关注培训的成本和收益。收益评价法就是从经济角度综合评价培训项目的好坏，计算出培训为企业带来的经济收益的。有的培训项目能直接计算其经济收益，尤其是操作性和技能性强的培训项目。但并不是所有的培训项目都可以直接计算出收益。

第三节　人力资源培训与开发的常用方法

一、在职培训

在职培训就是在工作中直接对员工进行培训，员工不离开实际职位。在职培训的优点是比较经济，无须另外安排场所、添置设备，有时也无须专职教员，可以利用现有的人力、物力来实施培训。同时，培训对象在学习期间不脱离职位，继续从事本职工作，可以不影响生产。在职培训的缺点是缺乏良好的组织。比如，就技术培训来说，机器设备、工作场所只能有限制地供培训使用，有些昂贵的机器设备不宜让学员操作，因而会影响培训效果。在职培训主要包括导师制、工作轮换、自学和实习培训等方法。

（一）导师制

导师制是指为学员有针对性地指定一位导师，这位导师通过正式与非正式的途径将自己的知识或技能传授给学员，使学员能够在新的工作岗位上更好地适应和发展。导师一般由企业中富有经验的资深员工担任，他有培养和指导别人的责任和义务。导师制类似以前“传帮带”的师傅和学徒的关系，但又与传统意义上的“学徒制”不同，真正的导师应该引导学员自主思考与分析情况、解决问题，而非单纯地给予问题的答案。例如：IBM公司就有导师制传统，对于初进公司的新员工，公司会为他指定一名导师，一年以后员工可以自己选择导师；戴尔公司也推行老员工带新员工的实战型培训，新的销售人员进入戴尔公司，在正式上岗后，公司不会马上让他挑起大梁，而是安排一位老员工继续对其在工作或者生活上进行指导。导师制的优点主要有：导师对学员实施一对一的指导，能够做到因材施教，进而使学员很快适应工作要求；导师不仅能在工作上对员工进行指导，而且能在生活上给员工很好的建议，因此有利于实施人性化管理，进而激发员工的工作积极性并稳定员工队伍。导师制的缺点主要有：导师的甄选难度较大，导师的素质难以长期得到保障；若缺乏有效的评估与监控，导师制常常会流于形式，缺乏实效。

（二）工作轮换

工作轮换是指让受训者在预定时期内（通常为一两年）变换职位，使其获得不同职位的工作经验的培训方法。目前，很多企业都采用工作轮换的方法来培养新进入企业的年轻管理人员或有管理潜能的管理人员。例如，摩托罗拉普遍实行工作轮换制度，使新员工能够得到多方面的锻炼，提高跨专业解决问题的能力，另外也有利于新员工发现最适合自己的工作岗位。虽然工作轮换有诸多优点，但也容易走入培养“通才”的误区，而且，员工被鼓励到各个职位工作，需要花费不少时间熟悉和学习新的技能。工作轮换虽然能让员工掌握更多的技能，却不能专于某一方面。所以工作轮换常常被认为适用于培训管理人员，而非职能专家。

（三）自学

自学比较适用于一般理念性知识的学习。由于成人学习具有偏重经验与理解的特性，让具有一定学习能力与自觉力的学员自学是既经济又实用的方法，但此方法也存在可监督性差、自学者容易感到乏味等明显缺陷。

（四）实习培训

实习培训是指让受训者亲自去做，在实地操作的过程中学习新事物，一边做一边学，然后由技术熟练的工人及主管提出评价及建议，使受训者从中获益。一方面，实习培训为受训者提供了接触真实工作情境的机会，使他们能够了解企业，进而丰富社会阅历与实际工作经历；另一方面，企业也会因受训者具有创新的理念与思维、旺盛的精力而产生新的活力，并可顺带考查受训者的各个方面是否符合企业的需要，如果符合需要，则将其招入企业，进而节省招聘费用。

二、脱产培训

脱产培训是让员工离开职位，在专门的培训现场接受履行职务所需的知识、技能和态度的培训。脱产培训的优点主要是时间与精力集中，受训者有较充足的时间来学习理论，思考深层次的问题，总结经验，学习效果较好；缺点主要是可能会耽误与影响工作，以及培训成本较高等。脱产培训的方法很多，主要包括讲授法、案例研究法、情境模拟法、角色扮演法、素质拓展训练、视听法、网络培训法和团队培训等。

（一）讲授法

讲授法是指培训者通过语言表达，系统地向受训者传授知识，期望受训者能记住其中的特定知识和重要观念。讲授法的优点主要有：操作方便，只要教材选用恰当、讲授主次分明，培训者就可以在短时间内将大量的知识系统地传授给受训者。但是，该方法也存在一些明显的缺点：单向信息传递，反馈效果差，而且往往只讲授理论知识，不能提供实践的机会，因此难以保证培训效果。讲授法适用于面向群体学员或进行理论性知识的培训，如对企业某种新政策或新制度的介绍，以及新设备或技术的普及讲座等内容的培训。讲授法是最普遍、最基本的一种培训方法，其他方法难以取代，但由于它具有局限性，最好与其他方法配合使用，才能进一步强化培训成果。

（二）案例研究法

案例研究法起源于哈佛大学的案例教学法，是指围绕一定的培训目的，将真实的情境进行典型化处理，形成供受训者思考分析和决断的案例，让受训者根据人、环境和规则等来对案例进行分析，并与其他受训者一起讨论，从而提出解决问题的办法。案例教学在世界各国高等教育和官员培训中普遍受到重视和欢迎。该方法不是要教给受训者“正确”的解决方法，而是通过分析一些实际问题，培养受训者分析问题和解决问题的能力。案例研究法的优点主要有：为受训者提供了一个系统的思考模式，在案例研究的过程中，使受训者得到一些有关管理方面的知识与原则；为受训者提供了参与解决企业实际问题的机会，进而有利于锻炼能力与获得有益经验；通过对具体、直观案例的研讨和相互交流，受训者不仅可以激发灵感、打开思路、完善思维模式，还可以培养向他人学习的品质。而它的缺点主要有：案例过于概念化，并带有明显的倾向性，难以获得预期的效果；案例的来源往往不能满足培训的需要；耗时较长，对受训者和培训者要求较高。案例研究法适用于培训中层以上管理人员及开发高级智力技能，如分析能力、综合能力、评价能力与决策能力等。

（三）情境模拟法

情境模拟法又称仿真模拟法，是指利用受训者在工作过程中实际使用的设备或者模拟设备，以及实际面临的环境对其进行培训的一种方法。情境模拟法能让受训者看到自己的决策在一种人工的、没有风险的环境中可能产生的影响，因而常被用来传授生产和加工技能及管理和人际关系技能。该培训方法的关键在于，模拟环境必须与实际的工作环境有相同的构成要素。模拟环境可以通过模拟器仿真模拟出来，模拟器是员工在工作中所使用的实际设备的复制品。最近出现的模拟现实的技术已开始运用于情境模拟领域，即虚拟现实。它是为受训者提供三维学习方式的计算机技术，即通过使用专业设备和观看计算机屏幕上的虚拟模型，让受训者感受模拟环境并与虚拟的要素进行沟通，同时利用技术刺激受训者的多重感觉。在虚拟现实中，受训者获得的感觉信息的数量、对环境传感器的控制力，以及受训者对环境的适应能力都会使其产生身临其境的感觉。虚拟现实适用于工作任务较为复杂或需要广泛运用视觉提示的员工培训。情境模拟法的优点在于：能成功地使受训者通过模拟器进行简单的练习，以增强信心，使其能够顺利地在自动化生产的环境下工作；能使员工在没有危险的情况下进行危险性操作。其不足之处在于：模拟器开发成本高昂，工作环境信息的变化也需要经常更新，因此培训成本较高。

（四）角色扮演法

角色扮演法是设计一个接近真实情况的场景，指定受训者扮演特定的角色，借助角色的演练来体验该角色，从而提高解决此类问题的能力。在特定的场景下，受训者不受任何限制地即兴表演，“剧情”随着培训者的表现而自由转换，直到培训者要求终止或者受训者完成这一任务。表演结束后，培训者和其他受训者都可对表演给予评价和建议，表演者也可参加到讨论中，使信息得到及时的反馈。角色扮演法最突出的特点就是人与人之间的直接交流，这对培养人际关系方面的技能很有帮助，因此在培训公关人员、销售人员时常常采用这种方法。角色扮演还让受训者有机会处理工作中可能出现的情况，为受训者提供难得的实践机会。角色扮演法的不足之处在于：需要的时间较长，表演效果可能受限于学员的过度羞怯或过深的自我意识。

（五）素质拓展训练

素质拓展训练要求受训者离开舒适的办公室，走进大自然的怀抱，去接受野外训练或水上训练，培养受训者克服困难的信心和毅力，培养健康的心理素质和勇于开拓的进取精神，增强团结合作的团队意识。

（六）视听法

视听法是利用幻灯片、电影、录像、录音等视听教材进行培训。这种方法利用人体感觉（如视觉、听觉等）去体会，给人的印象比单纯讲授更深刻。观看录像是最常用的培训方法之一，被广泛运用于提高员工沟通技能、面谈技能、客户服务技能等方面。电影与录像相似，也是一种事先制作好的视觉教材，受训者通过观看电影而接受培训。视听法的优点主要有：能够调动人的多重感官，易引起受训者的兴趣，使其印象深刻；视听教材可反复使用，从而能更好地适应受训者的个别差异和不同水平的要求。它的缺点主要有：受训者处在消极的地位，没有机会进行实际操作，进而缺乏反馈或强化；视听材料制作和购买的成本高，内容容易过时。在实际培训过程中，视听法一般很少单独使用，通常作为辅助手段向受训者展示相关实际经验和例子。

（七）网络培训法

网络培训法是指通过互联网或企业内部网络来传递，通过浏览器来展示培训内容的一种培训方法。互联网上的培训复杂程度各不相同，分为六个层次，从最简单的层次到最高级的层次依次是，培训者和受训者之间沟通；在线学习；测试评价；计算机辅助培训；声音、自动控制及图像等多媒体培训；受训者与互联网上的其他资源相结合进行培训传递，知识共享。当前，较为常见的网络培训法是远程培训，通常被一些地域上较为分散的企业用来向员工提供关于新产品、新措施或程序、技能培训，以及专家讲座等方面的信息。远程培训的方式主要包括电话会议、电视会议、电子文件会议，以及利用个人计算机进行培训。培训课程的教材和讲解可通过互联网或者一张可读光盘分发给受训者。受训者与培训者可利用电子邮件、电子留言板或电子会议系统进行交互联系。网络培训法的优点主要有：突破了传统培训中面对面的固有模式，打破了培训的时间和空间限制，能够让分散在不同地点的员工都获得专家培训的机会，同时为企业节省一大笔差旅费用；可以为其他培训方式提供支持，培训内容可与其他资源结合，并与其他受训者和培训者共享信息，进行有效的沟通；信息量大，传递新知识、新观念的优势明显，适合成人学习。由于具有诸多优势，网络培训法尤其为实力雄厚的企业所青睐，也是培训发展的一个必然趋势。不过，网络培训法也有其不足之处有：受训者难以实现面对面交流，而且受训者往往注意力不集中，进而影响实际的培训效果。

（八）团队培训

团队培训是通过协调在一起工作的不同个人的绩效实现共同目标的方法。团队培训的内容主要是知识、态度和行为。团队培训的方法多种多样，可以利用讲座或录像向受训者传授沟通技能，也可通过角色扮演或情境模拟给受训者提供在讲座中强调的沟通性技能的实践机会。团队培训的方式有交叉培训、协作培训与团队领导技能培训。交叉培训是指让团队队员熟悉并实践所有人的工作，以方便某一个团队队员离开团队后其他队员承担其工作；协作培训是指对团队进行如何确保信息共享和承担决策责任的培训，以实现团队绩效的最大化；团队领导技能培训是指团队管理者或辅助人员接受的培训，包括培训管理者如何解决团队内部冲突，帮助团队协调各项活动或其他技能。研究表明，受过有效培训的团队能设计一套程序，能做到发现和改正错误、共同收集信息及相互鼓舞士气。不过，由于团队培训组织起来难度较大，对组织者或培训者的能力要求较高，一般只被一些有条件的大型企业采用。

三、人力资源开发的方法

（一）在职开发方法

1.工作轮换形式

工作轮换形式包括管理类新员工的巡回轮换、培养多面手员工的轮换、培养经营管理骨干的轮换、潜能开发性的轮换。注意：轮换必须适度，既相异又不能跨度太大，轮换一般应在同类范围内进行。

2.指导

让将要被取代的人与被开发人员一起工作，并对其进行指导。这种方法的优点是学习的内容的实效性最强；对被开发人员的能力提升有直接的效果。其缺点是将要被取代的人往往不愿倾囊相授，即使愿意也不一定是较好的教练或教师。

3.初级董事会

初级董事会是指让经过选拔的中级管理人员组成一个初级董事会，使其面对目前公司所存在的问题并要求其对整个公司的政策提出建议的一种开发方法。初级董事会一般由10~12位中级管理人员组成，他们通过分析高层次问题积累决策经验。这种方法为被开发者提供了全局视角，能够从战略高度审视问题，能够积累决策经验，为以后的工作打下坚实的基础。

4.行动学习

人力资源开发中的行动学习是指让被开发者将全部时间用于分析和解决企业内部实际问题或其他组织机构问题的开发方法，其解决问题的对象扩展到企业外部。被开发者一般4~5人一组，承担企业内外组织的某个具体任务或项目，定期开会并就各自的研究成果展开讨论。

（二）脱岗开发方法

1.正规教育

正规教育包括专门为公司雇员设计的公司外教育计划和公司内教育计划，由大学及咨询公司开设的短期课程，高级经理人员的工商管理硕士培训计划，大学课程教育计划等。

2.研讨会或大型学者会议

研讨会或大型学者会议既进行思想、政策和程序等的交流，也对一些没有定论或答案的问题展开讨论，包括对某些未来趋势进行探讨。研讨会通常与大学或咨询公司合办。该方法既能借鉴其他公司或学者的一些最新实践模式或研究成果，也能捕捉到一些有关未来走向的敏感信息。

3.周期性休假

现在，企业开始借鉴学术界的通行做法，给员工提供6个月甚至更长的带薪休假时间，以参加社会公益项目，开发自身并重获活力。带薪休假在西方国家较为流行，一般是某种形式的志愿者计划。该方法在招募和留住人才方面起到了一定的作用，它能鼓舞员工士气，人们因回报而愿意承担更重的工作。其缺点是随意性较强、公司有成本负担。

4.企业内部开发中心

企业内部开发中心让有发展前途的管理人员到企业自己建立的基地去做实际练习从而进一步开发其管理技能。该方法将课堂教学、评价中心、文件筐练习和角色扮演等方法结合在一起来进行管理人员开发。

第三章　现代的绩效管理

第一节　绩效管理概述

一、绩效管理相关概念

（一）绩效管理的内涵

所谓绩效，就是员工在工作过程中所表现出来的与组织目标相关的并且能够被评价的工作业绩、工作能力和工作态度。

绩效管理是指制定员工的绩效目标并收集与绩效有关的信息，定期对员工的绩效目标完成情况进行评价和反馈，以改善员工工作绩效并最终提高企业整体绩效的制度化过程。绩效管理的目的在于提高员工的能力和素质，提高企业绩效水平。

（二）绩效管理的意义

无论处于哪个发展阶段，绩效管理对于企业提升竞争力都具有巨大的推动作用，因而企业进行绩效管理是非常必要的。绩效管理不仅能促进企业和个人绩效的提升，而且能促进管理流程和业务流程的优化，最终保证企业战略目标的实现。

1.绩效管理促进企业和个人绩效的提升

绩效管理通过设定科学合理的组织目标、部门目标和个人目标，为企业员工指明了努力的方向。管理者通过绩效辅导沟通及时发现下属工作中存在的问题，为下属提供必要的工作指导和资源支持；下属通过工作态度以及工作方法的改进，保证绩效目标的实现。绩效管理能使内部人才得到成长，同时吸引外部优秀人才，使人力资源能满足企业发展的需要，进而促进企业绩效和个人绩效的提升。

2.绩效管理促进管理流程和业务流程优化

企业管理涉及对人和对事的管理，对人的管理主要涉及激励和约束问题，对事的管理主要涉及流程问题。在绩效管理过程中，各级管理者都应从企业整体利益出发，尽量提高业务处理效率，不断优化调整，使企业运行效率逐渐提高，并在提高企业运行效率的同时，逐步优化企业管理流程和业务流程。

3.绩效管理保证企业目标的实现

企业一般有比较清晰的发展思路和战略。管理者将企业的年度经营目标根据各个部门、各个岗位进行分解，制定每个部门和岗位的关键业绩指标。对于绩效管理而言，企业年度经营目标的制定与分解是比较重要的环节，这个环节的工作质量对绩效管理的效果起到了非常关键的作用。绩效管理能协调企业各个部门，促使员工朝着企业预定目标努力，进而形成合力，最终促进企业经营目标的达成，保证企业近期发展目标以及远期目标的实现。

（三）绩效管理与绩效考核

绩效考核是对员工的工作绩效进行评价，以形成客观公正的人事决策的过程。绩效考核以制订考核计划开始，接着确定考评的标准和方法，对员工前一阶段的工作态度、工作业绩等进行分析与评价，最后将考核结果运用到相关人事决策（解雇、加薪、晋升等）中。

1.绩效管理与绩效考核的关系

绩效考核是绩效管理不可或缺的组成部分，绩效考核可以为企业绩效管理的改善提供资料，帮助企业不断提高绩效管理的水平和有效性，使绩效管理真正帮助管理者改善管理水平，帮助员工提高绩效能力，帮助企业获得理想的绩效水平。绩效管理以绩效考核的结果作为参照，管理者将考核结果与考核标准进行比较，寻找两者之间的差距，从而提出改进方案，并推动方案的实施。

2.绩效管理与绩效考核的区别

从涵盖的内容来看，绩效管理的内容更丰富。绩效考核更多的是强调员工考核的结果，侧重判断和评估；而绩效管理不仅包括上述内容，还着重强调对绩效信息的分析，侧重信息沟通与绩效提高。从实施的过程来看，绩效管理更加完善。绩效考核包括考核标准的制定与衡量、绩效信息的反馈，注重员工的绩效结果；绩效管理是一个完善的管理过程，作为一种管理模式贯穿企业运作的始终，具有延续性与灵活性，更注重对员工的行为与结果的考核。

从实施的角度来看，绩效管理更注重从组织的战略整体出发。绩效考核以员工或部门为基础，强调对员工或部门的工作绩效的衡量；但绩效管理更加强调从整体、战略的高度出发，注重员工与管理者之间的沟通。其实对于很多企业来说，虽然讲的是“绩效管理”，但实际操作的通常是“绩效考核”。这两个概念的混淆已经成为企业绩效管理中的一大误区。要想顺利进行绩效管理，企业必须纠正错误的认识，将组织的绩效管理系统与组织的战略目标联系起来，把绩效管理视为整个管理过程中的一个有效工具。

二、绩效管理系统的设计

绩效管理系统是一套有机整合的流程系统，专注于建立、收集、处理和监控绩效数据。它既能增强企业的决策能力，又能通过一系列综合平衡的测量指标来帮助企业实现战略目标和经营计划。

绩效管理系统的设计包括绩效管理制度的设计与绩效管理程序的设计两个部分。其中，绩效管理制度是企业实施绩效管理活动的准则和行为的规范，绩效管理程序的设计又分为管理的总流程设计和具体考评程序设计两个部分。

绩效管理的总流程设计包括五个阶段，即准备阶段、实施阶段、考评阶段、总结阶段、应用开发阶段。

（一）准备阶段

1.明确绩效管理的对象以及各管理层级的关系

一般情况下，绩效管理会涉及五类人员，一是考评者，涉及各层级管理人员（主管）、人力资源部门专职人员；二是被考评者，涉及全体员工；三是被考评者的同事，涉及全体员工；四是被考评者的下级，涉及全体员工；五是企业外部人员，涉及客户、供应商等与企业有关联的外部人员。

在绩效管理的过程中，根据不同的考评目的，有时需要由多方人员共同对被考评者进行全面的考评，有时也可能是部分人员分别对绩效进行考评。

2.根据绩效考评的对象，正确地选择考评方法

在确定绩效考评对象的情况下，首先应当解决采用什么方法进行绩效考评的问题。据不完全统计，自20世纪30年代以来，国外管理学派已经提出了近20种适用于企业不同类别岗位人员的考评方法，这些方法具有不同的特点和适用范围。

3.根据考评的具体方法，确定绩效考评要素

绩效考评要素一般应包括被考评者的工作成果、其在劳动过程中的行为表现及其潜质（心理品质和能力素质）。

4.对绩效管理的运行程序与实施步骤提出具体要求

具体要求包括确定考评时间、考评期限和工作程序等。

（二）实施阶段

实施阶段是在完成企业绩效管理系统设计的基础上，组织全体员工贯彻绩效

管理制度的过程。在这个过程中，无论是上级还是下级，无论是绩效的考评者还是被考评者，都必须严格遵守绩效管理制度的有关规定，认真地完成各项工作任务。企业绩效管理在实施阶段应当注意两点，一是通过提高员工的工作绩效增强核心竞争力，二是收集信息并注意资料的积累。

（三）考评阶段

考评阶段是绩效管理的重心，不仅关系着整个绩效管理系统运行的质量和效果，也涉及员工的当前利益和长远利益，需要人力资源部门和所有参与考评的主管高度重视。企业应注意从五个方面做好考评的组织实施工作，即考评的准确性、考评的公正性、考评结果的反馈方式、考评使用表格的再检验、考评方法的再审核。

（四）总结阶段

总结阶段是绩效管理的一个重要阶段。总结阶段不仅是上下级之间进行绩效面谈、沟通绩效信息、相互激励的过程，也是企业对整个绩效管理体系，乃至总体管理状况和水平进行必要的检测、评估和诊断的过程。

在总结阶段要完成的工作有：第一，各考评者完成考评工作，形成考评结果的分析报告（包括上下级绩效面谈记录在内的各种相关资料的说明）；第二，针对绩效诊断所揭示的各种现存问题形成详细的分析报告；第三，制订下一期企业员工培训与人力资源开发计划，薪酬、奖励、员工升迁与补充调整计划；第四，汇总各方面的意见，在反复论证的基础上对企业绩效管理体系、管理制度、绩效考评指标和标准、考评表格等相关内容制订具体计划。

（五）应用开发阶段

应用开发阶段是一轮绩效管理的终点，也是下一轮绩效管理工作的起点。此阶段应从四个方面入手，进一步推动企业绩效管理的顺利开展。第一，考评者绩效管理能力的开发；第二，被考评者的绩效开发；第三，绩效管理系统的开发；第四，企业组织的绩效开发。

三、绩效管理系统的运行

绩效管理系统在运行过程中可能会遇到很多困难，主要原因通常有两个，一是系统故障，即考评的方式方法、工作程序等设计和选择不合理；二是考评者以及被考评者对系统的认知和理解存在偏差。为了保证绩效管理系统的有效运行，企业各级主管应当掌握绩效面谈的方法和技巧，并且能够及时做出绩效诊断，协助员工改进绩效。

（一）提高绩效面谈质量的措施

1.做好绩效面谈的准备工作

为了保证和改善绩效面谈的质量和效果，考评者应当注意做好两项准备工作：一是拟定面谈计划，明确面谈的主题，预先告知被考评者面谈的时间、地点，以及准备各种绩效记录和资料；二是收集各种与绩效相关的信息资料。

2.采取有效的信息反馈方式

在绩效面谈中，企业仅仅要求员工回顾和总结自己的工作绩效是不够的，还必须使考评双方对组织的状况和下属员工的绩效有深入、全面、具体、清晰的认识。因此，为保证绩效面谈的质量，企业除了应做好绩效面谈前的各种准备工作，更重要的是采取有效的信息反馈方式，使信息反馈具有针对性、真实性、及时性、主动性和适应性。

（二）绩效诊断与绩效改进

1.绩效诊断

绩效诊断就是分析引起各种绩效问题的原因，通过沟通寻求员工支持与了解的过程。绩效诊断的作用在于帮助员工制订绩效改善计划，作为上一循环的结束和下一循环的开始，连接整个绩效管理循环，使绩效不断循环上升。影响绩效的原因非常多，除了能力素质，还有企业内外部环境的影响。企业要想有效提高绩效，建立绩效诊断系统非常重要。绩效诊断的主要内容包括以下几个方面。

（1）对企业绩效管理制度的诊断

现行的绩效管理制度在执行的过程中哪些条款得到了落实，哪些条款遇到了障碍难以贯彻，绩效管理制度存在哪些明显不科学、不合理、不现实的地方，等等。

（2）对企业绩效管理体系的诊断

绩效管理体系在运行中存在哪些问题，各子系统相互协调配合的情况如何，目前亟待解决的问题是什么，等等。

（3）对企业绩效考评指标和标准体系的诊断

绩效考评指标和标准体系是否全面完整、科学合理、切实可行，有哪些指标和标准需要修改和调整，等等。

（4）对企业考评者的诊断

在执行绩效管理的规章制度以及实施考评的各个环节中，有哪些成功的经验可以推广，有哪些问题亟待解决，考评者自身的职业素养、管理素质、专业技能存在哪些不足，等等。

（5）对企业被考评者的诊断

在企业绩效管理的各项活动中，员工持何种态度，态度有何转变，实际工作取得何种成果，职业素养有哪些提高，等等。

2.绩效改进

绩效管理的目的不仅是建立员工薪酬、奖惩、晋升等人事决策的依据，更重要的是促进员工能力的不断提高及工作绩效的持续改进。

所谓绩效改进，即确认组织或员工的工作绩效的不足和差距，查明原因，制订并实施有针对性的改进计划，不断提高员工竞争力的过程。绩效改进计划通常是在管理者和员工进行充分沟通之后，由员工自己提出，管理者予以确认后制订的。改进的内容通常包括绩效改进项目、改进原因、目前的水平和期望的水平、改进方式及达标期限等。

（三）绩效管理中的矛盾冲突与解决方法

由于管理者与被管理者、考评者与被考评者所处的位置不同，观察问题的角度不同，权责与利害关系不同，两者在绩效管理中不可避免地会出现一些矛盾和冲突。因此，各级主管需要掌握并运用人事管理的手段，通过积极有效的面谈，抓住主要矛盾和关键性问题，尽最大可能及时地化解冲突。建议采用以下几种方法。

第一，在绩效面谈中，企业主管应当做到以行为为导向，以事实为依据，以制度为准绳，以诱导为手段，本着实事求是的态度与下属进行沟通交流。

第二，在绩效考评中，一定要适当区分过去的、当前的以及今后可能的目标，将绩效考评的近期目标与远期开发目标严格区分。

第三，适当下放权限。比如，原来由主管负责登记下属的工作成果，改为由下属自己登记。

（四）设计绩效评估系统的五大原则

建立有效的绩效评估流程，要求企业明确自身定位，让全体员工明白绩效评估是唯一的正式沟通渠道，领导者与员工都有责任和义务利用好此渠道。定位清楚后，企业应设计适合自身的绩效系统。

1.目标要清晰

大量调研结果显示，员工对领导者最大的意见就是“目标不清晰”。领导者在没有充分准备的情况下，将一个不清晰的目标传达给员工，会导致双方因此产生种种误会。所以，领导者必须花时间厘清绩效评估工作，明确目标，这比任何激励机制都更有效。

2.设计自己的关键绩效指标

当前，管理层面临的人力资源管理方面的最大挑战就是怎样提升员工对工作的投入度。如果要员工全身心投入工作，那么最好让员工自己设定工作目标。在每年设定新目标之前，领导者应将工作思路、策略同员工谈清楚，然后让员工设计工作目标；下次见面时，员工向领导者阐释其目标和计划，并说明可行性。这样领导者就可以更了解自己的员工，同时，从员工设定的目标里，领导者可以看清员工的思维方式，有时会收获意外惊喜。当然，这需要很大的时间成本，而且不太适合新员工。

3.制订并完成个人提升计划

有效的绩效评估流程应该包括员工个人提升计划。业务目标的评估固然重要，但员工个人提升计划的评估也不可省去。领导者除了要与员工一起制订个人提升计划，还应该帮助员工完成计划。比如，如果员工在个人提升计划中列出“报读××商学院”，那么领导者需要尽量做出相应的配套安排，帮助员工实现计划。

4.确保沟通频率

绩效评估是领导者与员工建立有效沟通的好机会，因此绝不能一年才沟通一次。相隔时间太长，沟通很难顺畅。建议保证每季度沟通一次，沟通地点不一定是很正式的场合，沟通可以在吃饭、喝咖啡时进行，只要沟通内容能覆盖绩效评估中应沟通的内容即可。同时，沟通中领导者要让员工展现自己过去的业绩，即使领导者已知道，也需制造机会让员工直接表达并给予其认可。

5.保持良好的沟通心态

其实，绩效评估应改为“绩效沟通”，领导者的出发点应该是沟通而不是评估。沟通使领导者不仅能了解员工的工作进度，更能了解员工处理事情的方式方法并及时为其提供需要的帮助。领导者在与员工进行沟通时，要抱着帮忙的心态，以便实现有效沟通。绩效评估难免要讨论员工“需要改善”的地方，当谈到这些问题时，领导者必须态度真诚，对事不对人，希望员工进步。领导者的责任是将员工的潜力尽量发挥出来，所以一切沟通、反馈都应该基于此目的。

（五）绩效管理系统的检查、评估与改进

1.绩效管理系统的检查与评估

企业之所以构建并完善绩效管理系统，是因为要实现组织发展、员工效能提高等基本目标。科学有效的绩效管理系统应当充分地体现人事决策及开发人力资源的双重功能。为了检查和评估绩效管理系统的有效性，企业通常可以采用以下几种方法。

（1）座谈法

通过专题座谈会，企业可以广泛征询各级主管、考评者与被考评者对绩效管理制度、工作程序、操作步骤、考评指标和标准、考评表格形式、信息反馈、绩效面谈、绩效改进等方面的意见，并根据会议记录撰写分析报告，针对目前绩效管理系统存在的主要问题提出具体的调整方案和改进建议。

（2）问卷调查法

有时为了节约时间，减少员工之间的干扰，充分了解各级主管和下属对绩效管理系统的看法，企业可以预先设计一份能够检测系统故障和问题的调查问卷，然后发给相关人员填写。企业采用问卷调查的方法，有利于掌握更详细、更真实的信息，对特定的内容进行更深入、全面的剖析。

（3）工作记录法

为了检验管理系统中考评方法的适用性和可行性，企业可以采用查看绩效管理原始记录的方法，作出具体的评价，判断考评的结果是否存在问题。如通过查看各个下属单位的奖励记录，企业可以发现绩效考评被利用的程度；通过查看绩效面谈的记录，企业可以发现绩效面谈中存在的问题；等等。

（4）总体评价法

为了提高绩效管理的水平，企业可以聘请企业内外的专家，组成评价小组，运用多种检测手段，对企业绩效管理系统的总体功能、总体结构、总体方法、总体信息以及总体结果进行分析。

2.绩效管理系统的改进

为了保障绩效管理系统的正常运行，提高该系统的有效性和可靠性，充分发挥该系统的双重功能，企业应当对总体系统进行诊断和分析，及时发现问题，查找原因，进行必要的调整和改进。

第二节　绩效计划

一、绩效计划的定义

绩效计划是整个绩效管理过程的开始。对于绩效计划，可从以下几个方面理解。第一，绩效计划是对整个绩效管理过程的指导和规划，是一种前瞻性的思考。第二，绩效计划主要包括三部分内容：①员工在考核周期内的绩效目标体系（包括绩效目标、指标和标准）、绩效考核周期；②为实现最终目标，员工在绩效考核周期内应从事的工作和采取的措施；③对员工绩效跟进、绩效考核和绩效反馈阶段的工作进行规划和指导。第三，绩效计划必须由员工和管理者双方共同参与，绩效计划上有关员工绩效考核的事项，如绩效目标等，需要双方共同确认。第四，绩效计划是一种前瞻性的思考，故而很有可能出现无法预料的事情。因此，绩效计划应该随着外部环境和企业战略的变化而随时调整，不能墨守陈规。

二、绩效计划的作用

绩效计划对于整个绩效管理工作的成功与否甚至组织的发展都有重要影响，主要体现在以下几个方面。第一，制订行动计划，指导整个绩效管理环节的有效实施。第二，增强后续工作的计划性，提高工作效率。第三，设定考核指标和标准，有利于组织对员工工作的监控和指导，同时也为考核工作提供了衡量指标，使考核公正、客观、科学，容易获得员工的接受。第四，员工参与计划的制订，增强员工的参与感，同时也提高了员工对绩效目标的认可程度。绩效计划是将组织的战略目标和员工的考核指标相结合的重要环节，只有经过这一环节，才能使绩效考核和绩效管理上升到战略的高度。

三、绩效目标的制定

绩效目标又叫绩效考核目标，是对员工在绩效考核期间工作任务和工作要求所作的界定。绩效目标由绩效指标和绩效标准组成，绩效指标解决的是考核者需要考核什么的问题，而绩效标准是要求被考核者做得怎样或完成多少的问题。

（一）绩效指标

1.绩效指标的分类

（1）工作业绩指标

工作业绩是员工通过工作努力取得的阶段性产出和直接结果。对工作业绩的考核是所有绩效考核中最基本的内容，直接体现员工在企业中价值的大小。工作业绩指标包括员工完成工作的数量、质量、成本费用，以及为组织作出的其他贡献（包括在岗位上取得的绩效和在岗位以外取得的绩效）。工作业绩指标表现为完成工作的质量指标、数量指标、成本费用指标及工作效率指标等。

（2）工作能力指标

对员工工作能力的考核主要体现在四个方面：①专业知识和相关知识；②相关技能、技术和技巧；③工作经验；④所需的体能和体力。这四个方面既相互联系又相互区别，技能和知识是基础，体能和体力是必要条件。通过对员工工作能力的考核，可以判断员工是否符合所担任的工作和职务的任职资格要求。一般来说，对员工工作能力的考核主要用于晋升决策。

（3）工作行为指标

工作行为考核是指对员工在工作过程中表现出的有关行为进行考核和评价，

以衡量其行为是否符合企业的规范和要求。对员工工作行为的考核主要涉及出勤率、事故率、投诉率等方面。例如，一个酒店要对服务生的工作行为进行考核，可以从其劳动纪律、仪容仪表、文明卫生等方面着手。

（4）工作态度指标

工作态度考核是对员工工作积极性的评价和衡量。在绩效考核中，除了对员工的业绩、行为、能力进行考核，还应对员工的工作态度进行考核。工作态度指标通常包括忠诚度、责任感、主动性、敬业精神、进取精神等。

2.绩效指标的设计

在设计绩效指标时，需要考虑的问题较多。为保证绩效考核的客观性，设计绩效指标时需要注意以下几点。

（1）绩效指标应与企业的战略目标相一致

在设计绩效指标的过程中，应将企业的战略目标层层传递和分解，使企业中的每个职位都被赋予战略责任。绩效管理是战略目标实施的有效途径，因此绩效指标应与战略目标一致，不能与战略目标脱节，只有当员工努力的方向与企业战略目标一致时，企业整体的绩效才会得到提高。

（2）绩效指标应当有效

绩效指标应当涵盖员工的全部工作内容，这样才能够准确评价员工的实际绩效，这包括两个方面的含义：一是指绩效指标不能有缺失，员工的全部工作内容都应当包括在绩效指标内；二是指绩效指标不能有溢出，员工职责范围外的工作内容不应当包括在绩效指标内。例如，一位餐饮部经理的绩效指标应包含：餐饮营业额、餐饮经营成本节省率、菜品出新率、客人满意度、客人投诉解决率、设备设施完好率、卫生清洁达标率、部门员工技能提升率。这些指标既涵盖了餐饮部经理的全部工作内容，又没有职责范围外的工作内容。

（3）绩效指标应当明确和具体

绩效指标要明确和具体地指出到底是要考核哪些内容，不能过于笼统和模糊不清，否则考核主体就无法进行考核。例如，考核教师的工作业绩时，授课情况就不是一个明确具体的指标，需要将其进一步分解成上课准时性、讲课内容的逻辑性、讲课方式的生动性等，这样的考核指标才是明确的、具体的。

（4）绩效指标应具有差异性

绩效指标应当具有差异性是指对不同员工来说，绩效指标应当有差异，因为每个员工从事的工作内容是不同的，如销售经理的绩效指标与生产经理的绩效指标不同。此外，即便有些指标是一样的，权重也是不一样的，因为每个职位的工作重点不同，如计划能力对企业策划部经理的重要性就比对法律事务部经理的重要性高。

（二）绩效标准

绩效标准是考核员工绩效好坏的标准，是组织期望员工达到的绩效水平。绩效标准的确定，有助于保证绩效考核的公正性。确定绩效标准时，应注意以下几点。

1.绩效标准应当量化

量化的绩效标准，主要有以下三种类型：一是数值型的标准，如年销售额为50万元等；二是百分比型的标准，如产品合格率为95%，每次培训的满意率为90%等；三是时间型的标准，如接到任务后3天内按要求完成，在1个工作日内回复应聘者的求职申请等。此外，有些绩效指标不能量化或者量化的成本较高，如能力和态度等工作行为的指标，对于这些指标，明确绩效标准的方式就是给出具体的行为描述。

2.绩效标准应当适度

制定的标准要具有一定的难度，是员工经过努力可以实现的。目标太容易或者太难，都会大大降低对员工的激励效果，因此绩效标准应当适度。

3.绩效标准应当可变

绩效标准应当可变包括两层含义：一是对于同一个员工来说，在不同的绩效周期，随着外部环境的变化，其绩效标准也要变化。例如，对于空调销售员来说，由于销售有淡季和旺季之分，淡季的绩效标准就应当低于旺季的绩效标准。二是对于不同的员工来说，即使在同样的绩效周期，由于工作环境不同，绩效标准也应当不同。

四、绩效计划的基本过程

在制订计划时，管理人员首先需要根据上一级部门的目标，并围绕本部门的职责、业务重点以及客户（包括内部各个部门）对本部门的需求，来制定本部门的工作目标。然后，根据员工所在职位的职责，将部门目标分解到具体责任人，形成员工的绩效计划。因此，绩效目标大致有三个主要来源：一是上级部门的绩效目标；二是职位职责；三是内外部客户的需求。管理人员在制订绩效计划时，一定要综合考虑。一般来说，绩效计划包括三个阶段：①准备阶段；②沟通阶段；③绩效计划的审定与确认阶段。

（一）准备阶段

在准备阶段，管理人员需要了解以下内容：①组织的战略发展目标和计划；②企业年度经营计划；③部门的年度工作重点；④员工所在职位的基本情况；⑤员工上一绩效周期的绩效考核结果。除此之外，管理人员还需要决定采用什么样的方式进行绩效计划的沟通。

（二）沟通阶段

在沟通阶段，管理人员与员工主要通过对环境的界定和对能力的分析确定有效的绩效计划，并就资源分配、权限、协调等可能遇到的问题进行讨论。一般情况下，在沟通阶段应该至少回答以下问题：①该完成什么工作？②按照什么样的程序完成工作？③何时完成工作？④需要哪些资源与支持？

（三）绩效计划的审定与确认阶段

在绩效计划的审定与确认环节，管理人员需要与员工进一步确认绩效计划，形成书面的绩效合同，并且管理人员与员工都需要在该文档上签字确认。需要补充的是，在实际工作中，绩效计划一经确定后并非不可改变。因为环境总是在不断发生变化，所以在计划的实施过程中，往往需要根据实际情况及时对绩效计划进行调整。绩效计划的结果是绩效合同，很多管理人员过分关注最终能否完成绩效合同。实际上，最终的绩效合同很重要，制订绩效计划的过程也同样重要。在制订绩效计划的过程中，管理人员必须认识到，绩效计划是一个双向的沟通过程，一方面，管理人员需要向员工沟通部门对员工的期望与要求；另一方面，员工也需要向管理人员沟通自己的认识、疑惑、可能遇到的问题及需要的资源等。在制订绩效计划的过程中，员工的参与和承诺也是至关重要的因素。因为按照目标激励理论的解释，当员工承认并接受某一目标时，这一目标实现的可能性会比较大。员工的参与，会使其对绩效目标的承诺与接受程度较高，从而有助于绩效目标的实现。

五、绩效考核周期

绩效考核周期就是多长时间进行一次评价，考核周期的设置要根据企业的性质、行业特征、岗位层级、岗位的工作特点等实际情况，不宜过长，也不宜过短。周期过长则绩效考核的准确性和员工工作的积极性会受影响，周期过短则会消耗组织过多的资源。一般的考核周期主要分为年度、半年、季度等。不同考核周期的考核内容和结果运用不尽相同。

第三节 绩效跟进

管理者和员工经过沟通达成一致的绩效目标之后，还需要不断地对员工的工作表现和工作行为进行监督管理，从而帮助员工获得最终的优秀绩效。在整个绩效跟进周期内，管理者采用恰当的领导风格，积极指导下属工作，与下属进行持续的绩效沟通，预防或解决实现绩效时可能发生的各种问题，以期更好地完成绩效计划，这个过程就是绩效跟进，也称绩效监控。

一、与员工持续沟通

绩效管理的根本目的是通过改善员工的绩效提高企业的整体绩效，只有每个员工都实现了各自的绩效目标，企业的整体目标才能实现。因此在确定员工的绩效目标后，管理者还应当保持与员工的沟通，帮助员工实现这一目标。

（一）沟通的目的

在绩效跟进的过程中，管理人员与员工需要进行持续的沟通。其目的主要有以下几点：①通过持续沟通对绩效计划进行调整；②通过持续沟通向员工提供进一步的信息，为员工绩效计划的完成奠定基础；③通过持续沟通，使管理人员了解相关信息，以便日后对员工的绩效进行客观的评估，同时也在绩效计划执行发生偏差的时候，及时了解相关信息，并采取相应的调整措施。

（二）沟通的内容

在沟通时，管理人员应该重点关注的内容有：工作的进展情况如何，是否在正确的轨道上，哪些工作进行得很好，哪些工作遇到了困难，需要对工作进行哪些调整，员工还需要哪些资源与支持等。员工应该重点关注的内容有：工作进展是否达到了管理人员的要求，方向是否与管理人员的期望一致，是否需要对自己的绩效计划进行调整，管理人员需要从“我”这里获得哪些信息，自己还需要哪些资源与支持等。

（三）沟通的意义

一般来说，管理人员与员工的持续沟通可以通过正式的沟通与非正式的沟通来完成。常用的正式沟通的方式包括：①书面报告，如工作日志、周报、月报、季报、年报等；②会议；③正式面谈。非正式的沟通方式多种多样，常用的非正式沟通方式包括：①走动式管理；②开放式办公室；③休息时间的沟通；④非正式的会议。与正式沟通相比，非正式的沟通更容易让员工开放地表达自己的想法，沟通的氛围也更加宽松。管理人员应该充分利用各种各样的非正式沟通机会。

二、选择恰当的领导风格

在绩效跟进阶段，领导者要选择恰当的领导风格，指导下属的工作，与下属进行沟通。在这一过程中，领导者处于极为重要的位置，领导者的行为方式和处事风格会极大地影响下属工作的状态，这就要求领导者能够在适当的时候采取适当的领导风格。涉及领导风格的权变理论主要有领导情景理论、路径—目标理论、领导者—成员交换理论等。在此，笔者将简要介绍认可程度较高的领导情景理论。领导情景理论由赫塞（Paul Hersey）和布兰查德（Kenneth Blanchard）于1969年开发，该理论获得了广泛认可。领导情景理论认为，领导的成功来自选择正确的领导风格，而领导风格有效与否还与下属的成熟度相关。所谓下属的成熟度，是指员工完成某项具体任务所具备的能力和意愿程度。针对领导风格，赫塞和布兰查德根据任务行为和关系行为两个维度将其划分为四种不同的领导风格，分别是，指示型（高任务—低关系）、推销型（高任务—高关系）、参与型（低任务—高关系）、授权型（低任务—低关系）。领导情景理论的核心就是将四种基本的领导风格与员工的四种成熟度阶段相匹配，为管理者根据员工的不同绩效表现做出适当回应提供了帮助。随着下属成熟度的提高，领导者不但可以减少对工作任务的控制，而且可以减少关系行为。具体来讲，在R1阶段，领导者应采用给予下属明确指导的指示型风格；在R2阶段，领导者需要采用高任务—高关系的推销型风格；到了R3阶段，参与型风格的领导对于员工来说最有效；而当下属的成熟度达到R4阶段时，领导者无须做太多的事情，只需要授权即可。

三、辅导与咨询

（一）辅导

辅导是一个改善个体知识、技能和态度的技术。辅导的主要目的如下。第一，及时帮助员工了解自己的工作进展情况，确定哪些工作需要改善，需要学习哪些知识和掌握哪些技能。第二，必要时指导员工完成特定的工作任务。第三，使工作过程变成一个学习过程。好的辅导具有这样的特征：辅导是一个学习过程，而不是一个教育过程；管理者应对学习过程给予支持；反馈应具体、及时，并集中在好的工作表现上。进行辅导的具体过程如下。第一，确定员工胜任工作所需要学习的知识、技能，提供持续发展的机会，掌握可迁移的技能。第二，确保员工理解和接受学习需要。第三，与员工讨论应该学习的内容和最好的学习方法。第四，让员工知道如何管理自己的学习，并确定在哪个环节上需要帮助。第五，鼓励员工完成自我学习计划。第六，在员工需要时，提供具体指导。第七，就如何帮助员工进步、总结辅导经验达成一致。

（二）咨询

有效的咨询是绩效管理的一个重要组成部分。在绩效管理实践中，进行咨询的主要目的是，当员工没能达到预期的绩效标准时，管理者借助咨询帮助员工克服工作过程中遇到的障碍。在进行咨询时要做到以下几点。第一，咨询应及时。也就是说，应该在问题出现后立即进行咨询。第二，咨询前应做好计划，咨询应在安静、舒适的环境中进行。第三，咨询是双向的交流。管理者应该扮演积极的倾听者的角色，这样才能使员工感到咨询是开放的，并鼓励员工多发表自己的看法。第四，咨询的问题不要只集中在消极方面。谈到好的绩效时，应比较具体，并说出事实依据；对不好的绩效应给出具体的改进建议。第五，要共同制订改进绩效的具体行动计划。咨询过程主要包括三个阶段：第一阶段，确定和理解。即确定和理解所存在的问题。第二阶段，授权。也就是帮助员工确定自己的问题，鼓励他们表达这些问题，思考解决问题的方法并采取行动。第三阶段，提供资源。即驾驭问题，包括确定员工可能需要的其他帮助等。

四、收集绩效信息

在绩效跟进阶段，很有必要对员工的绩效表现进行观察和记录，收集必要的信息。这些记录和收集到的信息的主要作用体现在为绩效考核提供客观事实依据。有了这些信息，在下一阶段对员工进行绩效考核的时候，就有了事实依据，有助于管理者对员工的绩效进行更为客观的评价，同时也能为绩效改善提供具体事例。进行绩效考核的一个重要目的是不断提高员工的工作能力。通过绩效考核，管理人员可以发现员工还有哪些需要进一步改进的地方。而这些收集到的信息可以作为具体事例，用来向员工说明为什么他们还需要进一步改进与提升。在绩效跟进阶段，管理人员需要收集的信息包括能证明目标完成情况的信息、能证明绩效水平的信息，以及关键事件。收集绩效信息常用的方法有观察法、工作记录法和他人反馈法。①观察法。观察法是指管理人员直接观察员工在工作中的表现，并如实记录。②工作记录法。员工的某些工作目标完成情况是可以通过工作记录体现出来的，如销售额、废品数量等。③他人反馈法。他人反馈法是指从员工的服务对象或者在工作中与员工有交往的人那里获取信息。比如，客户满意度调查就是通过这种方法获取信息的典型方法。不管采用哪种方法收集信息，管理人员都应该如实地记录具体事实。

第四节　绩效管理的变革与创新

绩效管理是企业人力资源管理的重要组成部分，保障着企业日常工作的顺利运行，激励着员工奋发图强。随着社会的不断发展和进步，绩效管理也随着企业发展模式、经营模式的改变而变化。绩效管理从传统的财务指标性考核出发，发展得更为全面化和系统化，在这些变化过程中，战略性绩效管理、适应性绩效管理等专业术语开始出现。绩效管理的方法不断推陈出新，紧跟时代变化自我完善和自我创新。从大局的角度来说，绩效管理水平的提高与企业的管理理念息息相关，企业管理者将绩效管理手段应用于各部门，能够增强部门之间的融洽性，提高绩效管理的效率和实用性。从细节上看，绩效管理需要系统化的方法，涉及企业运行的各个环节，才能够更好地帮助企业走向现代化。

一、绩效管理的发展沿革

绩效管理的最终目标是实现组织的绩效改善，虽然绩效管理的概念直至20世纪70年代才被明确提出，但绩效管理和绩效改善的思想始终紧密围绕着管理学的发展而发展。从绩效管理工具的角度来看，绩效管理的发展历经了一个多世纪。20世纪初出现了以财务比率为基础的杜邦分析法，倡导通过考察企业的投入资源与既得收益之间的关系来评价企业绩效，明确了量化绩效指标的思想。20世纪20年代，企业发展处于以生产为导向的时代，通常采用更加多元化的财务指标来考察绩效，包括现金流量变化、资产负债率、利润率等。这种以财务数据衡量绩效的思路持续了半个世纪之久，直至20世纪70年代，奥布里・丹尼尔斯提出“绩效考核”的概念，由此引出了关键绩效指标工具，即通过对组织内部流程的输入和输出的关键参数进行设置、取样、计算、分析，以衡量绩效。

综上所述，企业经营模式经历了从以产品生产为中心到以营销和客户服务为中心的转变。为迎合这一趋势并持续改善企业的经营状况，绩效管理也经历了从单纯的财务指标向客户的、全面的绩效指标的转变。

二、绩效管理的观念革新

传统的绩效管理是需要以“经济人”为基础的。伴随着社会的不断进步，绩效管理也更加全面，涉及企业的员工、领导层等，也拥有了更加规范化的战略部署。

在传统的绩效管理模式下，某些企业管理者将员工当作获取利益的工具，认为其领着企业的报酬就应当无条件地为企业服务。这些企业管理者看重的是企业效益，为了控制企业的运营成本，会选择最大限度地降低支出，员工的福利待遇很差。同时，企业员工也认为企业付给自己报酬，自己为企业工作，两者之间只是单纯的雇佣关系，一旦有更高报酬的工作出现，企业员工会毫不犹豫地选择离开。从上述情况可以发现，企业只能够通过严格的规范制度约束员工的行为，以期降低企业成本；员工也只愿意做自己职责内的事情，对其他可能发生问题的情况毫不关心。而全面实施绩效考核能够有效解决这些问题，其在管理上能够拉近企业和员工之间的距离，更有助于企业的进步和发展。

战略绩效管理观念指的是企业期望通过规范化的管理体系达到预期的管理目标，战略绩效管理是一个独立的绩效管理系统，这个系统的规则主要包括以下两个方面：第一，合理、科学的管理模式，一定要契合企业的日常运营。第二，在实际管理过程中一定要严格按照绩效管理制度进行考核，定期宣布考核结果，绩效评定的对象也必须覆盖到企业的大部分员工和岗位，针对评定的结果要对员工有适当的惩罚和奖励，从而更好地实现绩效考核的目标。

战略绩效评定有着以下几个方面的突出特点。

第一，能够分解企业的长期战略目标，并逐步实现，在实际运营过程中能够及时发现问题并解决问题。

第二，要建立起全方位的考核体系，考核要涉及每位员工。

第三，将企业的战略目标和员工的工作联系起来，建立起权责分明的管理体制。

第四，高度重视企业发展过程中的每个成果。

三、绩效管理目标革新

虽然在员工绩效考核过程中存在很多考核内容、考核方式的变革，但其中很多内容在实际考核过程中并没有发挥出太大的作用。例如，有的企业领导为了调节同事之间的关系，避免出现摩擦，会选择在考核打分的时候给予差异不大的分数，不能严格按照员工的表现评定。与此同时，传统的绩效管理系统需要的是员工实打实的工作业绩，这在一定程度上也致使员工和领导之间的关系过于紧张。因此，出于鼓励员工的考虑，企业可以依据员工在工作中的投入情况进行绩效考核，分别从整体成果和个体成果、宏观成果和微观成果等角度来考虑。在考核的过程中，企业应注意不断调整员工对工作的热情，鼓励他们端正自己的工作态度，以积极的状态投入工作。其中，员工在工作中的投入是指员工的工作态度没有问题，能够尽力去完成工作任务，包括对工作的投入程度、工作积极性等。

四、绩效管理对象革新

在传统的绩效管理模式中，企业的评估对象是在职的全体员工；随着绩效管理的不断发展，企业将考核的对象重新进行细分，使考核更加准确和完善。

（一）团队的绩效管理

团队的绩效管理更为复杂和烦琐，需要综合考虑几个方面的因素，包括企业的外部环境、每个成员的投入程度和团队成员之间的融洽度。只有综合考虑到这三个因素，才能够帮助团队形成良好的运行机制。

（二）对核心员工的绩效管理

尽管企业的核心员工数量在企业中占据很少的比例，但其掌握着企业经济的发展命脉。因此，企业对核心员工的绩效考核显得尤为重要。绩效管理是涉及管理者和被管理者双方的一项工作，管理者一定要和核心员工建立起良好的沟通，在考核方案的制定上多听取他们的意见，并注重公平性。

（三）对高层管理者的绩效管理

传统的绩效考核将重点放在了对基层员工的考核上，一般这种考核都是由高层管理者制定方案并实施的，但是这种模式在运行中出现了一个很严重的问题，即没有对高层管理者进行考核的体系，致使高层管理者往往将任务下派给了员工，让员工倍感压力，高层管理者则“无事一身轻”。因此，为了杜绝这种情况的出现，对高层管理者进行绩效考核是很有必要的，企业鼓励高层管理者在员工中起到模范带头作用，对企业进步和发展起到促进作用。

随着社会的不断发展，企业的绩效管理制度也应与时俱进。绩效管理需要系统化的体系，需要各个环节的配合，只有将整个过程都控制好，才能够达到预期的效果。在这个过程中，企业领导者、绩效考核制定者和员工等需要共同努力，才能够促进企业长远发展。

第五节　知识团队绩效管理

在现代企业或组织的竞争资源中，互联网信息化带来的知识更新速度超过了以往任何一个时代，知识竞争结果直接决定了企业的未来发展。因此，知识团队对各组织的重要性不言而喻。而在有效整合整个知识团队的凝聚力方面，绩效管理发挥着重要作用。

知识团队的绩效管理是一个强调发展的过程，目标之一是建立学习型的组织，最终目标是建立知识团队的绩效文化，形成有激励作用的工作氛围。根据知识团队从事创造性工作的特点，以效率型指标、效益型指标、递延型指标和风险型指标作为对知识团队绩效考评的依据，采用结果导向的思维方式和建立绩效契约来进行绩效管理，对绩效计划、绩效实施、绩效评价、绩效奖励等绩效管理重点方面进行考核，以增强知识团队的绩效管理效果。

一、知识团队绩效管理的前提——绩效契约的建立

知识团队中必然有管理者与队员的分工，知识团队的特殊之处在于其专业性较强。在难以获得同时具备领导才能和专业知识的人才的时候，一些企业或组织往往更偏向用略懂专业的“外行”管理者与真正的“内行”团队成员来组成团队。这种关系使上对下的监督转变为自我监督，从而避免在管理知识型员工时出现

“信息不对称”问题。因此，绩效契约就成了知识团队绩效管理的前提。

二、知识团队绩效管理的过程

（一）制订团队绩效计划

知识团队的工作目标和发展目标比较明确，绩效计划的制订可以围绕着这两个方向而展开。

1.工作目标

知识团队的建立往往是任务导向型的，所以团队的工作目标往往非常明确。在此前提下，要对团队内部每个成员进行具体的分工，责任到人，要让每个员工都非常清楚自己的工作目标。为防止在具体工作过程中出现偏差，优秀的管理人员应该懂得简单的物质激励对团队成员的作用仅能维持到其达到自己的短期目标；要想达到长期的目标，则要根据知识型员工的特点，多强调团队的整体宗旨，让团队成员了解自己在整个团队中的贡献，认识到自己的价值，引起管理上的共鸣。

2.发展目标

团队工作目标的实现，是成员具体行为一步步落实的结果。因此，团队成员的工作行为表现，应该要保证团队工作主要目标的实现。强调发展团队的目标既可满足团队发展的需要，也可为队员个人赢得利益。团队在制定发展目标时，要特别注意以下几个方面。

第一，重视团队成员个人发展目标。

第二，团队成员有权决定自己的发展目标。

第三，单位提供的培训和发展活动应支持所确定的工作目标的实现。

第四，选择的培训和发展活动应符合团队成员的学习风格。

（二）绩效管理过程中的指导

1.辅导和咨询

辅导和咨询是一个改善团队胜任特征（行为）和技能的过程。进行辅导和咨询的主要目的有两个：第一，帮助团队随时了解个人和团队整体的工作进展情况，确定双方的目标是否出现偏差；第二，使工作过程变成一个学习过程，要避免无效辅导，要让员工个人和团队整体都得到成长和进步。

2.进展回顾

工作目标和发展目标的实现对企业的成功至关重要，应定期对其进行监测。因此，工作每进行到一个阶段，需要团队全体成员进行详细、深入的沟通，对工作的进展情况要有一个回顾和总结。管理者应扮演积极的倾听者的角色，同时起到沟通协调的作用，包括发现团队成员可能需要的帮助等。团队其他专业成员之间也要有深入的沟通，针对出现的冲突进行协商并找出解决办法，如果有必要，可以调整所设定的工作目标和发展目标。

3. 自我监控

知识团队的组织以扁平化和分散化形式居多，必须鼓励团队进行自我管理，团队成员要能够管理自己的工作并实现较好的绩效，而不过多地依赖领导的督促。团队成员也可以从同事那里获得对自己工作的指导和反馈，主动、随时回顾自己的工作内容，对自己的绩效进行判断，并根据结果调整自己的计划。

（三）绩效评价

知识团队的绩效可用以下四类指标进行综合判断。

1. 效益型指标

效益型指标是比较直观的绩效评价指标，也是用来评价知识团队工作成果的最直接的依据。需要特别指出的是，由于知识团队具有成果的创造性特点，在明确知识团队的效益型指标时，要分清目标顾客的要求、需要和期望，对于知识团队的绩效契约来说，需要满足的是能够以正式形式定义清楚的要求，而不是需要或期望。效益型指标判断知识团队在多大程度上做了正确的事。

2. 效率型指标

效率型指标用来反映团队投入和产出之间的关系。对于知识团队来说，其创造性的特点决定了效率型指标对其工作成效的评价非常重要。目标顾客要获得团队的成果、要求得到满足（只能是在合理的投入范畴之内），对团队的成员来说也同样如此。效率型指标判断知识团队以什么代价将该做的事做正确。

3. 递延型指标

如果绩效衡量仅仅是对历史结果的追溯，那么对团队的绩效管理而言就太短视了。利用递延型指标考评知识团队绩效时，已经突破了仅仅对当下的考虑，递延型指标是一种面向未来的指标，可以为未来决策提供参考依据。

4. 风险型指标

所谓风险型指标，是指判断风险因子的数量和对团队成员及团队交付物的危害程度的指标。知识团队的工作成果是其给目标顾客的交付物，但由于其创造性的工作特点，其工作充满了各种不确定性，风险时时处处存在，因此时时面临着“做好了不一定给团队带来益处，但做差了会给团队带来损失”的局面。

在绩效考评中，以上四个指标往往是综合运用的，以此来对知识团队作出较为全面的评价。

（四）奖励绩效

一旦确定开始实施绩效考核，员工只要能够达到或者超过绩效标准，就应该给予奖励。但由于知识团队员工对于个人获得成长和尊重也非常重视，奖励的方式不应仅限于物质奖励，而应多样化，企业管理者可考虑以下几种措施。

1.知识资本化

知识资本化既是一种物质型的奖励，也是对员工知识的一种尊重，常用的有管理入股、股票期权、技术入股等形式。其中，股票期权是企业留住员工的心，特别是核心员工的心的有力工具。通过股票期权，企业成为“人人有份”的利益共同体，员工成为企业的主人，更得以分享企业的利益，有利于激励知识团队成员不断丰富自己的知识储备，自觉提高创新能力，增强企业或组织的核心竞争能力。

2.培训教育

从需要层次理论分析，知识团队成员对高层次的需要比较迫切，他们渴望自我成长、自我发展，实现自我价值。因此，应结合知识团队成员自身的特点，适当给予其进修深造、职位晋升、开展专业技术研究等机会，以调动知识团队成员学习知识和提高技术能力的积极性和主动性。内因和外因结合起来，是提高知识团队成员知识和技术更新能力，促进其自身素质提高的重要途径。

3.营造相互支持的团队氛围

良好的人际关系会促使员工在轻松、活泼的环境中愉快地工作，上下级之间的密切沟通有利于团队成员表达自己的意见、建议和情绪，团队应满足成员的交往需要和尊重需要。成员之间的信任支持有利于团队内的信息交流、知识传递，以实现知识共享。

4.参与管理

知识团队成员自主性比较强，他们不习惯受监督、控制和指挥。知识团队成员参与管理，可以使他们感受到上级的信任和尊重，产生归属感和对企业发展的责任感。知识型员工所拥有的知识和专长是企业进行经营管理决策的主要依据，知识型员工参与管理可以大大提高企业决策的科学性，避免决策失误。

5.培育优秀的团队文化

一般的团队生产产品或提供服务，优秀的团队经营人力资本，最具有竞争力的团队培育团队文化。团队文化的影响力是隐性的，但往往是深远且巨大的。要建立一支有活力、有凝聚力的知识团队最终要依靠培育优秀的团队文化。

绩效管理的过程是一个循环发展的过程，通过不断上升式的循环，个体和组织绩效得以持续发展。知识团队的绩效管理更强调全体员工自下而上的参与，从绩效目标的制定、实行计划中的信息反馈和指导，到绩效评价、对评价结果的运用以及提出新的绩效目标等，都需要团队成员的参与，需要管理者与成员间的沟通。成员之间相互支持、相互鼓励，良好的沟通习惯可以大大减少冲突和摩擦。

企业通过为每一个成员提供辅导和咨询、指导和培训来提高成员的个人能力，使每一个成员都有主动学习、相互学习的动力，进而促进学习型组织的建立。知识团队的绩效管理最终目标是建立团队的绩效文化，形成具有激励作用的工作氛围。

第四章　现代的薪酬管理

第一节　薪酬管理概述

一、薪酬相关概念

（一）薪酬的定义

在人力资源管理中，人们对薪酬概念的界定比较宽泛，对薪酬的理解也存在差异。

在日常生活中，人们通常将薪酬、报酬、工资等概念混用，事实上，这些概念是有区别的。在通常情况下，将员工为某个组织工作而获得的各种其认为有价值的东西统称为“报酬”。报酬可以分为经济报酬和非经济报酬，薪酬则属于经济报酬。在国外，工资的主要支付对象是从事体力劳动的蓝领工人。根据我国相关的法规和政策，工资是指用人单位依据劳动合同的规定，以各种形式支付给劳动者的工资报酬，包括计时与计件工资、奖金、津贴和补贴、加班加点费、特殊情况下支付的工资。个人收入通常简称为“收入”，指个人通过各种合法途径获得的收入总和，包括工资、租金、股利股息及社会福利等。

（二）薪酬的本质

薪酬实际上是组织对员工的贡献，包括对员工的工作态度、工作行为和工作业绩等所给予的各种回报。

广义上，薪酬不仅包括工资、奖金、休假等外部回报，也包括参与决策、承担责任等内部回报；狭义上的薪酬则主要指从外部获得经济利益的回报。

外部回报是指员工因为雇佣关系从自身以外得到的各种形式的回报，也称

“外部薪酬”，其包括直接薪酬和间接薪酬。直接薪酬是员工薪酬的主体部分，包括员工的基本薪酬，即基本工资，如周薪、月薪、年薪等；也包括员工的激励薪酬，如绩效工资、红利和利润分成等。间接薪酬主要指福利，包括组织向员工提供的保险、带薪休假、额外津贴、单身公寓、免费工作餐等。

内部回报是指员工在社会心理等方面感受到的回报。它一般包括参与企业决策，获得更大的工作权限，承担更重要的责任，从事更有趣的工作，获得个人成长的机会，等等。内部回报不是简单的物质回报，如果企业能运用得当，就会对员工产生较强的激励作用。

企业付给员工薪酬实质上是一种劳动力的交换或交易，所以要服从市场的交换或交易规律，否则雇佣关系就不可能长久地持续下去，即使能持续，双方也不可能满意。如果员工对交换满意，那么他们会有良好的工作表现和业绩，企业对人力资本的投入也会获得较好的回报。因此，许多企业将薪酬作为吸引、激励、挽留人才的重要筹码之一，但也有许多企业薪资投入巨大，激励效果甚微。

（三）薪酬的构成

薪酬的构成内容很多，并通过不同形式体现出来，各部分薪酬的构成、功能及特征具体如下。

1.基本薪酬

基本薪酬又称“基本工资”，是维持员工基本生活的工资。它一般以岗位工资、职务工资、技能工资、工龄工资等形式表现，不与企业经营效益挂钩，是薪酬中相对稳定的部分。基本薪酬的变动一般取决于三个因素：一是总体生活费用的变化或者通货膨胀的程度，二是劳动力市场上同质劳动力的基本薪酬变化，三是员工在工作中拥有的知识、技能、经验的变化以及相应的绩效变化。

此外，企业所处的行业、地区以及市场占有率等都会影响员工的基本薪酬水平。越来越多的企业在员工的基本薪酬中加入了绩效薪酬部分，绩效薪酬又称“绩效加薪”“奖励工资”，是企业对员工过去的工作行为及业绩的认可。绩效加薪通常与企业的绩效管理制度紧密相连。

2.可变薪酬

可变薪酬是薪酬构成中与员工绩效直接挂钩的经济性报酬，有时又称为“浮动薪酬”“奖金”。其中的绩效既可以是员工个人的绩效，也可以是团队或组织的绩效。可变薪酬体现的是员工超额劳动的价值，具有很强的激励作用。可变薪酬与绩效加薪不同，一般情况下的绩效加薪具有累积作用；而可变薪酬不存在累积作用，绩效周期结束后，奖金兑现完毕，员工必须重新努力工作才能获得新的绩效奖励。

3.间接薪酬

间接薪酬主要指员工福利（包括员工服务）。与基本薪酬和绩效薪酬不同，间接薪酬一般不以员工的劳动情况为支付依据，而以员工作为组织成员的身份来支付，是一种强调组织文化和组织凝聚力的补充性报酬。

（四）薪酬体系

薪酬体系是人力资源管理系统中的一个子系统，它向员工表明在组织中什么是有价值的，为组织向员工支付报酬制定了策略和程序。一个设计良好的薪酬体系能直接与组织战略规划相联系，使员工努力将行为集中到帮助组织生存发展并获取竞争优势的方向上。当前通用的薪酬体系主要有职位薪酬体系、技能薪酬体系和能力薪酬体系。

1.职位薪酬体系

职位薪酬体系是在对职位本身价值作出客观评价的基础上，根据职位评价结果赋予在该职位上工作的人与该职位价值相当薪酬的薪酬体系。

职位薪酬体系具有以下优点：

体现了同工同酬、按劳分配的原则；按职位体系进行薪酬管理，操作比较简单，管理成本较低；职务晋升与薪酬增加密切关联，以激励员工不断提高技术水平、能力及工作绩效。

职位薪酬体系存在以下问题：

薪酬与职位直接挂钩，当员工晋升无望时，工作积极性会受挫，甚至出现消极怠工或离职的现象；职位的相对稳定决定了员工薪酬的相对固定，不利于动态激励员工。

2.技能薪酬体系

技能薪酬体系是指组织根据员工所掌握的与工作有关的知识、技术、能力以及拥有的经验等来支付基本薪酬的一种薪酬体系。

技能薪酬体系具有以下优点：

激发员工的进取精神，提高企业技术创新能力；引导组织结构的合理调整以及组织价值观的变化；有利于专业技术人员的稳定与发展。

技能薪酬体系存在以下问题：

员工对培训的要求较高，培训资源投入、培训需求确定等都会成为问题；成本较难控制，如果员工技能模块的界定与组织战略需求不相符，则员工的技能会被闲置和浪费；实施难度大，设计难，管理难，人与岗位匹配难。

3.能力薪酬体系

能力薪酬体系是指企业根据员工所具备的能力或是任职资格来确定其基本的

薪酬水平，该体系对人不对事。

能力薪酬体系一般基于如下假设：

员工的能力直接决定其所创造的价值，因此支付给员工的报酬应当由员工的能力决定。在能力薪酬体系中，基于岗位的能力占据的比重较大，员工的能力与职位的晋升及薪酬待遇等有着直接的联系。同时，该体系体现了能力较强的员工可能产生更高的工作绩效，因此员工的能力越高，获得的薪酬越高，待遇越好，管理者更关注因员工能力的提升而带来的价值增值。

二、薪酬管理相关理论

许多企业都认为合理的薪酬制度能激励员工提高工作绩效，那么这种想法有无依据呢？事实上，组织行为学、心理学的诸多理论都为薪酬管理提供了理论基础。

（一）需要层次理论

需要层次理论的内容包括：人的需要取决于已经得到什么和缺少什么，尚未得到满足的需要会影响人的行为。人的需要是有层次的，一般来说，当低层次的需要得到满足后，高层次的需要就会出现。需要层次由低到高依次分为五级，即生理需要、安全需要、感情需要、尊重需要和自我实现需要。

需要层次理论对薪酬管理的启示包括：企业支付的基本薪酬必须确保员工能够满足基本生活需要；奖励性薪酬会对员工产生一定的激励作用；不同类型的员工需要层次不同，企业应该采取不同的薪酬激励措施；货币的激励作用可能存在边际效用递减规律，因此企业需要将货币激励与非货币激励相结合。

（二）双因素理论

双因素理论认为，员工的行为会受到保健因素和激励因素的影响。保健因素包括企业策略与行政管理、监督、与上级及同事的关系、工作安全、个人生活、工作条件等。当保健因素得到改善时，员工的不满情绪会消除，但是保健因素对员工不能起到激励作用。激励因素包括工作上的成就感、工作性质与职责、个人发展的可能性等。激励因素可以对员工起到明显的激励作用，当不具备这类因素时，员工也并不会产生极大不满。

双因素理论对薪酬管理的启示包括：基本薪酬必须在一定水平上，以确保员工满足生活及保健需要的经济来源；绩效奖励具有激励性，它与员工在认可、愉悦、成就等方面的需要相联系；人际氛围、责任、工作类型、工作条件等因素会影响薪酬管理的成效。

（三）期望理论

期望理论认为，期望是员工对自己完成既定工作任务的能力所作的自我评判；关联性是员工对于达到既定绩效水平之后能够得到组织报酬所具有的信心；效价是员工对组织为自己所达到的令人满意的工作业绩所提供的报酬而作出的价值判断。

期望理论对薪酬管理的启示包括：薪酬和绩效之间的联系至关重要，只有绩效奖励的收益足够多，才会使员工认为它是一种报酬，从而选择能够获得最大回报的行为。

（四）公平理论

公平理论认为员工不仅关心自己经过努力所获得的报酬的绝对数量，也关心自己获得的报酬在组织内外的相对水平。当员工与感知对象的投入与产出情况相对比，感到自己的投入与获得与他人的投入与获得不对等时，员工就会产生不公平的心理感受，进而产生相应的负激励效应。

公平理论对薪酬管理的启示包括：员工关注绝对薪酬水平，更关注相对薪酬水平；无论是基本薪酬还是奖励性薪酬，企业都必须关注组织内外以及组织内部员工之间的平衡与一致。

（五）强化理论

强化理论认为一个人的行为是受其目标引导的，如果员工的某种行为得到了与预期目标相符合的某种报酬的强化，则员工重复执行相同行为的可能性会增加。

强化理论对薪酬管理的启示包括：报酬会强化（激励和维持）绩效；报酬必须在员工行动得到强化之后直接给予，不能得到报酬的行为是不会持续下去的。

此外，目标设置理论、委托代理理论等都对薪酬管理的理论和实践产生了一定的影响。

三、薪酬管理的影响因素

（一）组织外部因素

1.劳动力市场的供求关系与竞争状况

劳动力价格（薪酬）受供求关系的影响。当劳动力的供求关系失衡时，劳动力的价格会偏离其本身的价值。一般而言，当供大于求时，劳动力价格会下降；当供小于求时，劳动力价格则会上升。人才市场竞争越激烈，产品和劳务的价格水平越低，则薪酬水平越低。

2.地区及行业的特点与惯例

人们对收入分配的价值理念和心理感受也是影响薪酬的重要因素之一。如拉开收入分配差距的措施通常不能被某些人理解和接受。不同行业及类型的企业在薪酬方面相差较大，垄断行业通常薪酬水平高，而薄利行业薪酬水平很低；一些国有企业员工的基本工资水平不高，但企业福利很丰厚；一些“三资”企业员工的基本工资水平较高，但企业福利可能较少。

3.地方生活水平

地方生活水平可从两个方面影响组织的薪酬策略：一方面，生活水平高，员工对个人生活的期望也相应较高，会给组织带来支付高薪酬的压力；另一方面，所在地区的生活水平高也意味着物价指数涨幅相对较大，为了保持员工的生活质量以及购买力，组织也会被迫上调薪酬。

4.国家有关的法律法规和政策

薪酬及其管理必须符合国家和地方的法律法规及相关政策。法律法规和政策是薪酬管理的基本依据和标准，如最低工资标准、最长工作时间标准、个人所得税制度等。

（二）组织因素

1.组织的行业性质和特点

组织所处的行业性质和特点不同，使组织的技术要求、工作性质、员工素质和竞争态势也不同，因而相应的薪酬制度及薪酬水平也必然不同。

2.企业的发展阶段

企业的发展阶段包括初创期、成长期、成熟期、稳定期、衰退期和更新期等阶段。在不同的发展阶段，企业具有不同的发展目标、经营战略及阶段性任务，需要不同的薪酬制度和策略来适应和支持企业的运营要求，激励策略的目标和重点也会有所不同。

3.组织文化

组织文化是指在一定的社会历史条件下，企业在生产经营和管理活动中所创造的具有企业特色的精神财富及其物质形态，包括文化观念、价值观念、企业精神、道德规范、行为准则、历史传统、企业制度、文化环境、企业产品等，其中价值观念是组织文化的核心。组织文化界定了组织在市场和社会中独特的地位和优势，是影响薪酬制度的重要因素。每个企业的薪酬制度必须适合本企业的组织文化和价值导向。

4.组织特有的优势和劣势

薪酬制度设计还应考虑组织具有的优势和劣势。组织特有的优势通常能降低吸引优秀人才的薪酬成本，因为员工在作出加入组织的决定前要进行综合分析，而不是单一考虑薪酬待遇。组织的知名度也会产生巨大的品牌效应，以至于一些优秀人才宁可放弃更高的薪酬而加入著名的企业；相反，如果组织处于初创期或默默无闻，就要靠有竞争力的薪酬水平来吸引优秀人才。

（三）员工因素

员工是薪酬分配的参与者和接受者，薪酬制度设计必须考虑员工的需求、类型、个体差异等因素。

根据激励理论，薪酬分配只有满足了员工的需求，才能发挥有效的激励作用，因此企业在进行薪酬制度设计时必须了解员工的需求。

员工的个体差异性是薪酬制度设计必须考虑的因素。例如，从事经营管理和技术工作的知识型员工，通常更愿意从事富有挑战性的工作，获得由工作带来的实现自身价值的满足感，因此企业应采用具有灵活性的薪酬制度；而对于从事普通生产活动和事务性工作、追求工作和生活稳定的员工来说，企业应采用相对稳定的薪酬制度。

第二节　薪酬管理制度的设计

薪酬管理是指根据企业总体发展战略的要求，通过管理制度的设计与完善，保障、激励计划的制订与实施，最大限度地发挥薪酬的激励作用。

一、设计薪酬管理制度

（一）基本原则

1.战略导向原则

战略导向原则是指企业在设计薪酬管理制度时必须从企业战略的角度进行分析，制定的薪酬管理制度必须体现企业发展战略的要求。企业的薪酬管理制度不仅体现了人力资源的策略导向，而且体现了组织特有的管理体制和运行模式。合理的薪酬管理制度会驱动企业发展，同时消除不利于企业发展的因素。比如，实行创新战略的企业会特别注重产品创新、生产方法创新及技术创新，基本薪酬通常会以劳动力市场上的平均薪酬水平为基准，甚至会高于市场平均水平；实行成本战略的企业，通常会采取一定的措施来提高可变薪酬在薪酬构成中的比重，一方面控制人力总成本，另一方面鼓励员工降低生产成本。因此，企业在设计薪酬管理制度时，必须从企业发展战略的角度分析哪些因素最重要、哪些因素一般重要、哪些因素不重要，并通过一定的价值标准，对不同的因素赋予相应的权重，从而确定各因素对应的薪酬标准。

2.公平性原则

公平性原则基于公平理论，认为公平是激励的动力，人们能否受到激励，不仅在于是否得到了什么，还在于所得是否公平。因此，企业的薪酬管理制度应该让人感觉是公平公正的。公平性原则是设计薪酬管理制度和进行薪酬管理的首要原则，包括以下几个方面。

（1）外部公平

同行业或地区，同等规模的企业的类似职务的薪酬应大致相同。外部公平强调的是本组织的薪酬水平在同其他组织的薪酬水平相比较时的竞争力。市场薪酬调查结果能够反映外部公平的程度。

（2）内部公平

同一企业中不同职务的薪酬水平应与各自的贡献成正比，只有当比值一致时，员工才会认为是公平的。工作评价是判断内部公平的主要方法。

（3）员工个人公平

根据员工的知识、技能、业绩等个人因素，对同一组织中完成类似工作的员工支付相同的薪酬。

（4）程序公平

程序公平是指企业用来作出薪酬分配决策的程序具有公平性。必须说明的是，公平一般只是员工的主观判断，不同员工的判断结果可能差别很大，因为公平总是相对的。

3.竞争性原则

在社会主义市场经济中，企业的薪酬标准只有具有吸引力，才能战胜竞争对手，引进所需人才。企业究竟应将薪酬水平定位在市场价格的哪一标准上，要根据企业财力和所需人才的具体条件而定，但企业核心人才的薪酬水平通常不能低于市场平均水平。竞争性原则强调企业在设计薪酬制度时必须考虑到同一地区和行业劳动力市场的薪酬水平以及竞争对手的薪酬水平，以保证企业薪酬水平在一定的市场范围内具有相对的竞争力，能充分吸引和留住企业发展所需要的人才。

4.激励性原则

企业要在内部各类、各级职务的薪酬水平上适当拉开差距，真正体现按劳分配、按贡献分配的原则。激励性原则是指通过薪酬激发员工的工作积极性，提高个人绩效，从而让员工为组织做出更大的贡献。对组织贡献大的人理应获得高水平的薪酬，而对组织贡献小的人只能获得较低水平的薪酬，从而适当拉开薪酬分配的差距。

5.经济性原则

提高企业的薪酬水平固然可以增强企业在薪酬方面的竞争力，但必将提高企业人力成本。因而企业在设计薪酬制度时，必须充分考虑自身发展的特点和经济支付能力。

经济性原则包括两个方面的含义：从短期来看，企业的销售收入在扣除各项非人工（非人力资源）费用和成本后，要能够支付起企业所有员工的薪酬；从长期来看，企业在支付所有员工的薪酬及所有非人工费用和成本后，还要有盈余，从而保证企业的可持续发展。

6.合法性原则

合法性是企业薪酬管理最基本的前提，它要求企业实施的薪酬管理制度必须符合国家、地区的法律法规、政策条例等要求，如不能违反最低工资标准等规定。

（二）薪酬管理制度设计流程

对于任何一家企业来说，薪酬管理制度都非常重要。薪酬水平过高可能会给企业造成浪费，而薪酬水平太低又会导致企业不能吸引和留住人才。此外，不具有公平性的薪酬管理制度会挫伤员工的积极性。那么，如何制定一套相对合理的薪酬管理制度呢？在实际中，制定薪酬管理制度的工作流程如下。

1.工作分析与评价

工作分析是企业人力资源管理的重要基础和必要前提，它是对企业各个岗位的设置目的、性质、任务、职责、权力、隶属关系、工作条件、劳动环境以及员工就任该岗位所需要的知识技能、学历背景、工作经验等资格条件的系统分析和研究，并制定出岗位规范和工作说明书的过程。

工作评价是在岗位分析的基础上，对岗位的工作难易程度、责任大小等进行的价值评价，使薪酬水平与工作价值挂钩，从而为调整员工薪资、制定公平合理的薪酬标准提供依据。

2.薪酬调查

薪酬调查就是通过一系列标准、规范和专业的方法，对市场上各种职位进行分类、汇总和统计分析，形成能够客观反映市场薪酬现状的调查报告，为企业薪酬管理制度的设计提供参考依据。薪酬调查是薪酬管理制度设计的前提和基础，重点解决的是薪酬的外部公平问题与薪酬竞争力问题。薪酬调查报告能够帮助企业有针对性地规划薪酬内容与标准。

企业在确定员工薪酬水平时要把握好“度”，既不能因为多支付薪酬而增加总成本，也不能因为少支付薪酬而无法保证所必需的员工数量与质量。企业通过薪酬调查可以了解市场薪酬水平的25%、50%和75%等点位。薪酬水平高的企业应注意市场75%点位处甚至是90%点位处的薪酬水平，薪酬水平低的企业应注意25%点位处的薪酬水平，一般的企业应注意50%点位处（中点处）的薪酬水平。

薪酬调查一般分为四个步骤，即确定调查目的、确定调查范围、选择调查方式、整理和分析调查数据。

（1）确定调查目的

人力资源部门应该先弄清楚调查的目的和调查结果的用途，再开始制订调查计划。一般而言，调查的结果可以为许多工作提供参考和依据。例如，企业总体薪酬水平的调整、薪酬结构的调整、薪酬改革制度的制定、某些具体岗位薪酬标准的调整，等等。

（2）确定调查范围

根据调查的目的，企业可以确定调查的范围。确定调查范围需要回答三个问题：需要对哪些企业进行调查？需要对哪些岗位进行调查？需要调查岗位的哪些内容？

（3）选择调查方式

确定了调查目的和调查范围后，企业就可以选择调查方式。薪资调查主体主要有政府部门、专业调查公司和企业三种。一般来说，首先可以考虑企业之间的相互调查。企业人力资源部门可以与相关企业的人力资源部门联系，使薪酬调查得以开展。若无法获得相关企业的支持，则可以考虑委托社会上的专业机构进行调查。

随着薪酬调查不断发展并为企业所接受，薪酬调查的方法也不断发展，现在比较常用的有问卷调查法、面谈调查法、文献收集法和电话调查法等。每一种方法都有优点和不足，企业可以根据自身特点、调查目的、时间和费用等要求采取不同的调查方法。如果采取问卷法，企业就要提前准备好调查表；如果采取座谈法，企业就要提前拟好问题提纲。

（4）整理和分析调查数据

在调查完成之后，企业要对收集到的数据进行整理和分析。在整理中，企业要注意将不同岗位和不同调查内容的信息进行分类，同时要注意剔除错误的信息。最后，企业根据调查的目的，有针对性地对数据进行分析，形成最终的调查结果。

3.薪酬管理决策

薪酬管理过程中最为重要的决策主要有以下四类。

（1）薪酬体系决策

薪酬体系决策的主要任务是明确企业确定员工基本薪酬的基础，是采用职位薪酬体系，还是技能薪酬体系或者能力薪酬体系。如前所述，每种薪酬体系都有优势和不足，企业必须根据自己的情况作出选择，也可针对不同的员工类别建立不同的薪酬体系。

（2）薪酬水平决策

薪酬水平是指企业内部各类职位或人员的平均薪酬状况，反映了企业薪酬的外部竞争性。可以看出，在传统的薪酬水平概念中，人们更关注的是企业整体薪酬水平，现在人们则更关注于比较同一企业的不同职位之间或者不同企业的同类人员之间的薪酬水平，而不仅仅是企业的平均薪酬水平。由于市场竞争的加剧，企业更强调在产品和劳动力市场上的开放性和灵活性，更关注薪酬外部竞争性而非企业内部薪酬一致性。

（3）薪酬结构决策

薪酬结构决策是指在同一组织内部，一共有多少个基本薪酬等级以及相邻的两个薪酬等级之间的薪酬水平差距。在企业总体薪酬水平一定的情况下，员工对企业的薪酬结构是非常关注的，这是因为薪酬结构实际上反映了企业对职位和技能价值的看法。一般来说，企业可以通过正式或非正式的职位评价以及外部市场薪酬调查来确保薪酬结构的公平性和合理性。

（4）薪酬管理策略的决策

薪酬管理策略主要涉及企业的薪酬成本，预算控制方式，以及企业的薪酬制度、薪酬规定和员工的薪酬水平保密等问题。薪酬管理策略必须确保员工对薪酬体系的公平性看法以及确保薪酬体系有助于组织和员工个人目标的实现。

4.薪酬管理制度的实施与调整

在薪酬管理制度确立之后，人力资源管理部门需要将其贯彻落实，并且在实践中不断进行调整，使薪酬管理制度更好地发挥作用。

（三）衡量薪酬管理制度的标准

检测一个组织的薪酬管理制度是否科学、合理和有效，可以采用三项衡量标准：一是员工的认同度，二是员工的感知度，三是员工的满足度。

二、绩效薪酬

在传统意义上，所有的奖励计划都是绩效薪酬计划，即员工的薪酬与绩效挂钩。可变薪酬则更具体，把员工小组或团队的薪酬与能够衡量整个组织的整体盈利能力的某些指标挂钩。绩效薪酬主要有以下表现形式。

（一）短期绩效奖励计划

1.个人绩效奖励计划

（1）计件工资制

计件工资制是根据员工产出支付薪酬的方式，它是最古老、使用最广泛的一种绩效奖励形式。

1）直接计件工资制。

首先确定每件产品的计件工资率，然后根据实际产出水平算出员工实际应得薪酬，将员工的收入和产量直接挂钩。

2）差额计件工资制。

差额计件工资制主要使用两种不同的计件工资率，一种适用于那些产量低于或等于预定标准的员工，另一种则适用于产量高于预定标准的员工。传统的差额计件工资制主要有泰勒制和莫里克制，两种方法都意在激励工作效率高的员工。

3）标准工时制。

标准工时制是按照在标准时间内完成工作的情况制订工资的激励计划。如果员工能够在少于预期的标准时间内完成工作，他们的工资仍然按标准时间乘以小时工资率计算。比如，装配一件产品的标准时间是2个小时，而某工人在1.5个小时内完成了工作，其工资便是小时工资率乘以2。

4）其他工时激励计划。

其一，海尔塞计件工资计划。如果员工能以低于限额的时间完成任务，则节约时间所带来的收益在企业和员工之间以对半的形式分享。其二，罗恩计件工资计划。与海尔塞计件类似，不同之处在于，随着所节约时间的增加，员工分享的收益所占比例上升。其三，甘特计件工资计划。不能在标准时间内完成任务的员工将只得到事先确定的保障工资；而那些能在标准时间内完成任务的员工，计件工资率定在标准工资率120%的水平。

（2）绩效加薪

绩效加薪是将员工基本薪酬的增加与在某种绩效评价中所获得的评价等级联系起来的一种激励计划。研究绩效加薪的几个关键点是加薪的幅度、加薪的时间以及加薪的方式。绩效加薪的幅度主要取决于企业的支付能力。若加薪幅度过大，则企业可能无法承受；若绩效加薪幅度过小，则不能发挥激励作用。从绩效加薪的时间安排来看，常见的绩效加薪是每年一次，也有每半年一次或者每两年一次的情况。从绩效加薪计划的实施方式来看，绩效加薪既可以采取基本薪酬累积增长的方式，也可以采取一次性加薪的方式。因考虑变量方式不同，现将绩效加薪计划分为以下三种类型。

1）以员工绩效为基础。

这是最简单且运用最普遍的一种形式。在这种计划中，员工加薪的唯一依据是员工的绩效评价结果。具体有两种做法，一种是对绩效水平相同的员工加薪比例相同，基本薪酬高的员工所得到的绝对加薪额，必然会高于基本薪酬低的员工；

另一种是采取以员工所在薪酬区间的中值为基准来实施绩效工资，这就减缓了那些位于相同薪酬等级区间但基本薪酬较高人员的加薪速度，使同一薪酬等级区间、绩效相同的员工的加薪额相同。

2）以员工绩效及相对薪酬水平为基础。

很多传统组织或薪酬结构比较复杂的组织会采用这种加薪计划。企业先判断员工的薪酬水平与组织内部其他员工薪酬水平或者外部市场平均薪酬水平之间的关系，如果员工的薪酬已经达到较高的水平，则企业会在同等条件下减小员工的加薪幅度；反之，企业则会在同等条件下适当调大加薪幅度。如果该企业员工平均薪资水平处于市场低位，则员工绩效等级优秀与合格时的加薪幅度分别为8%和5%；如果员工平均薪资水平处于市场高位时，则绩效加薪比例会降低；如果员工绩效不合格，则无论其薪资水平高低，均不能获得绩效加薪。

3）引入时间变量的绩效工资计划。

这种加薪计划以绩效和相对薪酬水平为基础，再引入时间变量。绩效水平较高的员工所获得的加薪幅度较大且频率更高，而绩效一般和绩效较差的员工需要等待较长的时间才能获得加薪，且加薪的幅度很小。

（3）一次性奖金

绩效加薪与奖金的不同之处是，绩效加薪通常会成为基本薪酬中的一个相对固定的组成部分，而奖金通常是一次性发放并且金额浮动的。所以，对于绩效加薪有很多争议。为避免固定薪酬成本的不断增加，越来越多的企业逐渐采用一次性奖金来取代绩效加薪，即员工在每年年终根据本人绩效结果及企业盈利状况得到不计入基本薪酬的一次性奖金。

2.团队绩效奖励计划

团队绩效奖励计划是基于整体性的绩效结果向团队中的全体员工提供奖励。团队绩效奖励计划可以提高团队的计划能力和解决问题的能力，并且有助于成员彼此之间的合作。但团队绩效奖励计划的不利之处是，一位优秀员工的薪酬可能与其个人的努力不成正比，团队中不乏“搭便车”现象。下面介绍几种团队激励方式。

（1）利润分享计划

利润分享计划是根据整个企业业绩指标（如产值、利润等财务指标）的衡量结果来向员工支付报酬，这是一份所有员工或者大多数员工均能分享企业年度利润的计划。一些实践表明，利润分享计划能够提高生产率并且增强企业的士气。

利润分享计划有几种形式。比如在即时分享计划或者现金分享计划中，员工每个季度或每年均可分得一定比例（一般为15%～20%）的企业利润；在延期利润分享计划中，企业会将现金存入员工的退休信托账户，由于延期支付，员工可享受税收优惠。

(2) 收益分享计划

收益分享计划是企业提供的一种与大多数或者全体员工共同分享因生产率提高、成本节约和质量提高而带来的收益的绩效奖励模式。通常情况下，员工会按照事先设计好的收益分享公式，根据自身所属部门或企业总体绩效改善状况获得奖金。由于成本、质量和效率指标比利润指标更容易被员工看成自己所能够控制的，绩效与结果之间的关系更清晰，收益分享计划的激励效果更为显著。

在收益分享计划中，奖金的多少取决于一定时间内企业本应使用的劳动工时与实际耗费的劳动工时之间的差别。比如，在美国某公司的奖励体系中，员工享有一种有保证的计件工资制，在此基础上，公司根据员工个人的绩效考评结果，将公司年度总利润（扣除税金、6%的股息以及储备金之后）在员工之间进行分配。

(3) 成功分享计划

成功分享计划又称“目标分享计划”，它运用平衡计分卡的思想为经营单位制定目标，对超越目标的情况进行衡量，并根据衡量结果对经营单位（既可以是整个组织也可以是某个部门或团队）进行奖励。成功分享计划所涉及的目标可能包括财务、客户、业务流程和学习与成长等领域中的各个方面。在该计划中，每一项绩效目标都是相互独立的，经营单位每超越一项绩效目标，就会单独获得一份奖励，将每一项绩效目标所获得的奖励相加，总和就是经营单位所获得的总奖励金额。

（二）长期绩效奖励计划

与短期绩效奖励计划相对应，长期绩效奖励计划是指绩效衡量周期在1年以上（一般为3～5年）的对既定绩效目标的实现提供奖励的计划。长期绩效奖励计划把员工的收益与组织的战略联系在一起，鼓励员工与组织长期合作。长期绩效奖励计划的主要形式是股票所有权计划。股票所有权计划是指在整个公司范围内实施的以股票为媒介的一种长期绩效奖励计划，该计划通常分为三类：现股计划、期权计划和期股计划。其中，期权计划和期股计划主要是针对高层管理人员或核心技术人员设置的。

1.现股计划

现股计划是指公司通过奖励的方式直接赠予员工股份，或者参照股权的当前市场价值向员工出售股票，使员工立即获得实实在在的股权的计划。但这种计划一般会同时规定员工在一定的时期内必须持有股票，不得出售。现股计划包括经理人持股计划和员工持股计划两种。

2.期权计划

股票期权是授予某些员工在规定时期内以事先确定的价格购买一定数量的本公司股票的权利。购股价格一般参照股权的当前市场价格确定。如果届时公司股票价格上涨，授权员工就可以行使期权，以事先确定的价格购买股票并出售股票获利；如果公司股票下跌，员工就可以放弃这项权利。该计划对授权员工购股之后出售股票的期限作了规定，员工有权在一定时期将所购入的股票放在市场上出售，但期权本身不可转让。

3.期股计划

期股计划与期权计划类似，公司和员工约定在将来某一时期以一定的价格购买一定数量的公司股权。但与期权计划不同的是，员工一旦选择了期股，到期就必须履行购买股票的义务，如果公司经营不善造成股票价格下跌，员工就会遭受很大损失。期股计划同样要对员工购股之后出售股票的时期作出规定。

第三节　现代企业薪酬管理存在的问题

一、我国企业薪酬管理方面存在的问题

（一）缺少持续有效的薪酬激励制度

当前，许多企业普遍缺乏长期有效的薪酬激励制度，等级工资分配的方式仍是根据职位进行薪酬配置，这容易降低员工的积极性，导致其工作懒散，甚至产生“混日子”的想法；还会造成优秀员工跳槽，致使人才流失，使企业的经济效益低下，影响企业的长远发展。如今，一些企业已经逐渐认识到这个问题的严重性，也为避免此类现象制定过一些薪酬激励策略，但都没有长期坚持，因而实质问题并没有得到有效解决。

（二）激励方式过于单一

虽然许多企业已经开始采用薪酬激励制度，但是在实施过程中方式较为单一，其中物质激励是主要的激励方式，而精神方面的激励通常会被忽略。实际上，对于员工来说，精神激励与物质激励缺一不可。

（三）缺少完善的绩效考核制度

在我国的市场经济背景下，企业的薪酬激励制度主要是通过绩效考核制度体现的，因此创建完善的绩效考核制度是实施薪酬激励制度的根本。当前，部分企业缺乏完善的绩效考核制度，导致薪酬激励制度的实施受到制约，其主要体现在考核的制度不合理、考核要素不健全、内容不科学等方面，而这些制约因素都会

降低员工的工作积极性，导致薪酬激励制度的实施受到限制，使企业的持续发展受到严重影响。由此可见，完善绩效考核制度在保障薪酬激励制度的实施与优化过程中是十分重要的。

二、我国企业薪酬管理的创新路径

（一）提高薪酬管理制度设计的科学性

在当前的市场经济环境下，企业和员工都面临着较大的压力，只有提高员工的工作积极性，才能更好地提高企业的竞争力。因此，企业要重视薪酬管理制度的设计，在具体设计过程中更好地满足员工多元化需求，全面提高企业薪酬管理的质量，针对不同岗位的性质设计出与其相匹配的薪酬管理制度。企业在设计薪酬管理制度时，还要以市场平均水平为依据，避免出现过大的差异。

（二）建立科学的薪酬激励制度

企业薪酬激励制度的实施，可以更好地激发员工工作积极性，确保企业生产效率的提高。因此，企业在发展过程中需要建立科学的薪酬激励制度，确保其与企业发展战略相符。企业要基于传统的薪酬体系，结合自身的实际情况来制定科学的薪酬激励制度，以确保其有利于企业和员工的共同发展。

通常情况下，企业员工的薪酬包括基本工资和绩效工资两部分，可以针对岗位的工作强度和复杂程度确定基本工资，而在确定绩效工资时可以遵循多劳多得的原则，促使员工为企业的发展不懈努力。

（三）加强薪酬模式的稳定性及弹性

企业的薪酬模式要与员工工龄和企业经营状况等因素息息相关，以确保其具有较强的稳定性。具有弹性的薪酬模式则与员工绩效具有密切的联系，即绩效越高，薪酬也越高。企业在实施弹性薪酬时，需要保证绩效工资和基本工资之间的合理关系，以激发员工积极性为原则和出发点，并进一步促进工作效率的提高。

（四）促进企业发展战略与薪酬管理的结合

企业不仅要确保为员工提供合理的报酬，确保员工的付出与收获成正比，同时还要注重自身实力的提升。因此，企业薪酬管理要与发展战略相结合，综合企业的发展实际情况进行考虑，并从大局出发，确保企业薪酬管理与企业发展和员工的需求相符合，保证其科学性和合理性能够为企业全面发展及实现战略目标打下坚实的基础。

（五）明确绩效薪酬考核指标

合理的绩效薪酬考核指标有利于提高企业的薪酬管理水平，可以说绩效薪酬管理的基础就是设置正确的绩效考核指标。首先，企业在设置绩效薪酬考核指标的时候，要从员工的实际工作能力出发，同时也要保证考核指标对员工有一定的挑战性，因为如果考核指标没有一定的难度，就不会激发员工的工作热情。其次，企业必须以自身发展为设置绩效考核指标的核心，考核指标必须具备一定的灵活性，可以在一定范围内进行调控。当企业和市场经济环境发生变化时，企业要对绩效薪酬考核指标进行适当的调整，这样才能发挥出绩效薪酬考核的重要作用。

第五章　现代的劳动关系管理

第一节　劳动关系管理概述

劳动关系是人们在社会生产和生活之间最重要的联系之一。全世界大多数劳动人口正在用主要精力从事“工作”，并将“工作”作为主要的收入来源。劳动关系对劳动者、企业（雇主）和整个社会有着深刻的影响。对劳动者来说，工作条件、工作性质、薪酬福利待遇将决定他们的生活水平、个人发展的机会、个人的尊严、自我认同感和身心健康；对于企业来说，员工的工作绩效、忠诚度、工资福利水平都是影响生产效率、劳动力成本、生产质量的重要因素，甚至还会影响企业的生存和发展；对整个社会而言，劳动关系还会影响经济增长、通货膨胀和失业的状况、社会财富和社会收入的总量和分配，并进一步影响全体社会成员的生活质量。因而，研究劳动关系具有重要的理论和现实意义。

一、劳动关系的概念及构成要素

（一）劳动关系的概念

1. 含义

劳动关系又称劳资关系、雇佣关系，是指社会生产中，劳动力使用者与劳动者在实现劳动过程中所结成的一种社会经济利益关系。从广义上讲，生活在城市和农村的任何劳动者与任何性质的用人单位之间因从事劳动而结成的社会关系都属于劳动关系的范畴。从狭义上讲，现实经济生活中的劳动关系是指依照国家劳动法律法规规范的劳动法律关系，即双方当事人是被一定的劳动法律法规所规定和确认的权利和义务联系在一起的劳动关系。其权利和义务的实现，是由国家强制力来保障的。劳动法律关系的一方（劳动者）必须加入某一个用人单位，成为该单位的一员，并参加该单位的生产劳动，遵守单位内部的劳动规则；而另一方（用人单位）必须为劳动者提供工作条件及按照劳动者的劳动数量和质量给付其薪酬，并不断改善劳动者的物质文化生活。

2．称谓

对劳动关系的研究在各国广泛存在。但是，由于各国社会制度和文化传统等因素各不相同，对劳动关系的称谓又有所不同。劳动关系在不同的国家被称为劳资关系、雇佣关系、劳工关系和产业关系等。

（二）劳动关系的构成要素

1．主体

从狭义上讲，劳动关系的主体包括劳动者和用人单位两方，以及代表劳动者利益的工会组织和代表用人单位利益的雇主协会；而广义的劳动关系主体还包括政府，因为政府通过立法等手段对劳动关系进行干预。

（1）劳动者

劳动者是指有劳动能力的人，受雇于自然人或用人单位，以出卖劳动力而获得劳动报酬的工作人员。可见劳动者是被用人单位依法雇佣的人，在用人单位管理下从事劳动，并且领取报酬作为主要的生活资料来源。

（2）用人单位

用人单位在许多国家被称为雇主或雇佣人，是指具有用人资格，即用人权利能力和用人行为能力，使用劳动力组织生产劳动且向劳动者支付工资报酬的单位。各国对用人单位范围的界定不尽相同。在我国，法律界定的用人单位包括：①企业，包括各种所有制经济、各种组织形式的企业；②个体经济组织，即个体工商户；③国家机关，包括国家权力机关、行政机关、审判机关、检察机关、执政党机关、政治协商机关、参政党机关、参政团体机关；④事业单位，包括文化、教育、卫生、科研等各种非营利单位；⑤社会团体，包括各行各业的协会、学会、联合会、研究会、基金、联谊会、商会等民间组织；⑥民办非企业单位，指企业事业单位、社会团体和其他社会力量，以及公民个人利用非国有资产设立、从事非营利性社会服务活动的社会组织。

（3）工会

工会是由劳动者组成的，主要通过集体谈判的方式维护劳动者在工作场所及整个社会中的利益，因而是与用人单位及其社会势力形成抗衡的组织。

（4）雇主协会

雇主协会是由雇主（用人单位）组成，旨在维护雇主利益，并规范雇主与雇员之间及雇主与工会之间关系的组织。雇主协会不同于行业协会，纯粹的行业协会不处理劳动关系，而是处理营销、定价及技术等行业事务；而大部分雇主协会除要处理行业事务外，更重要的是处理劳动关系。雇主协会可以分为三种类型：在地区协会基础上形成的全国性雇主协会，由某个行业的企业组成的单一产业的全国协会，由同一地区企业组成的地区分会。

（5）政府

在劳动关系的发展过程中，政府不仅要受到劳资双方合作与冲突的影响，而且要通过立法调整、监督和干预劳动关系，实现政府稳定社会和获取政治支持的目的，因而政府在劳动关系中扮演着重要角色。具体来讲，政府首先是劳动关系立法的制定者，通过立法介入和影响劳动关系；其次是公共利益的维护者，通过监督和干预等手段促进劳动关系的协调发展；再次是公共关系的裁判者，努力维护劳资双方的合法权益；最后是雇主，以雇主的身份直接参与和影响劳动关系。

2．客体

劳动关系的客体是劳动权利和劳动义务指向的对象——劳动力。劳动者作为劳动力所有者有偿向用人单位提供劳动力，用人单位则通过支配、使用劳动力创造社会财富，双方的权利义务共同指向的对象就是蕴含在劳动者体内，只有在劳动过程中才会发挥出作用的劳动力。作为劳动关系的客体，劳动力具有如下几个特征。

（1）劳动力存在的人身性

劳动力存在于劳动者身体内，劳动力的消耗过程即劳动生命的实现过程。这使劳动关系成为一种人身关系。

（2）劳动力形成的长期性

劳动力生产和再生产的周期比较长，一般至少需要16年，有些能力的形成还需要更长的时间。形成体力和脑力的劳动能力需要大量的投资，这部分投资主要是由劳动者个人负担的。

（3）劳动力存续的时间性

劳动力一旦形成是无法储存的，过了一定时间又会自然丧失。

（4）劳动力使用的条件性

劳动力仅是生产过程的一个要素，只有与生产资料相结合才能发挥作用。劳动力的这些特征要求国家对劳动力的使用采取一些特殊的保障措施，既能使劳动力得以发挥，又能使劳动者不受伤害。

3．内容

劳动关系的内容可以用“权利、义务”来概括。在公司与劳动者的相互关系中，一方的权利就是另一方的义务，人们习惯用“劳动者的权利、义务”来概括劳动关系的内容。

（1）劳动者的权利

《中华人民共和国劳动法》（以下简称《劳动法》）规定，劳动者享有八项权利：平等就业和选择职业的权利，取得劳动报酬的权利，休息休假的权利，获得劳动安全卫生保护的权利，接受职业技能培训的权利，享受社会保险和福利的权利，提请劳动争议处理的权利，法律规定的其他劳动权利。

（2）劳动者的义务

首先，劳动者有完成劳动任务的义务。劳动者一旦与用人单位发生劳动关系，就必须履行其应尽的义务，其中最主要的义务就是完成劳动生产任务。这是劳动关系范围内的法定的义务，同时也是强制性义务。劳动者不能完成劳动义务，就意味着劳动者违反劳动合同的约定，用人单位可以解除劳动合同。其次，劳动者有提高职业技能、执行劳动安全卫生规程，遵守劳动纪律和职业道德的义务。劳动纪律是劳动者在共同劳动中所必须遵守的劳动规则和秩序。它要求每个劳动者按照规定的时间、质量、程序和方法完成自己应承担的工作。职业道德是从业人员在职业活动中应当遵循的道德，其基本要求是忠于职守，并对社会负责。最后，劳动者有根据用人单位的要求，保守商业秘密的义务。

二、劳动关系与事实劳动关系

在现实生活中，存在着大量未签订书面劳动合同但又实际存在着劳动关系的情况，给社会稳定、和谐和社会的经济发展带来严重阻碍，从而导致社会劳动关系处于非常态的环境之中。

（一）对事实劳动关系的认识

在我国，事实劳动关系是指用人单位与劳动者之间既无劳动合同又存在着劳动关系的一种状态。产生事实劳动关系的主要原因在于：用人单位与劳动者确立劳动关系时，未按国家有关规定签订劳动合同；合同期满后当事人既未续签劳动合同，又未终止原先的劳动合同。

（二）如何界定事实劳动关系

用人单位和劳动者虽然没有签订书面劳动合同，但劳动者已经成为用人单位的一员，身份上具有从属关系，双方确已形成了劳动权利义务关系的，可以综合下列情况认定为事实劳动关系：①劳动者已经实际付出劳动并从用人单位取得劳动报酬；②用人单位对劳动者实施了管理、指挥、监督的职能；③劳动者必须接受用人单位劳动纪律和规章制度的约束。用人单位与劳动者发生劳动争议时，无论是否订立劳动合同，只要存在着事实劳动关系，符合《劳动法》适用范围及劳动争议受案范围的，仲裁机构均应处理。

（三）如何证明事实劳动关系

证明用人单位与劳动者之间存在事实劳动关系，需要提供相关证据。根据《关于确立劳动关系有关事项的通知》的第二条规定，用人单位未与劳动者签订劳动合同，认定双方存在劳动关系时可参照下列凭证：①工资支付凭证或记录（职工工资发放花名册）、缴纳各项社会保险费的记录；②用人单位向劳动者发放的“工作证”“服务证”等能够证明身份的证件；③劳动者填写的用人单位招工招聘“登记表”“报名表”等招用记录；④考勤记录；⑤其他劳动者的证言等。

三、劳动关系管理的含义

所谓劳动关系管理，就是指以促进企业经营活动的正常开展为前提，以缓和、调整企业劳动关系的冲突为基础，以实现企业劳动关系的合作为目的的一系列企业性和综合性的措施和手段。从对企业劳动关系管理的界定中可以看出，劳动关系管理的基本领域主要在两个方面：一是限于促进企业劳动关系合作的事项内，二是限于缓和和解决企业劳动关系冲突的事项内。本书所分析的劳动关系管理是就规范意义上而言的，即主要分析有工会组织存在的企业劳动关系的管理。

四、劳动关系管理风格

劳动关系管理风格是企业劳动关系形成的基础。从理论上说，劳动关系管理风格有一元论和多元论两种类型。一元论认为，可以把员工划分为若干等级，企业通过建立内部等级制度，抑制冲突，以实现企业目标；多元论认为，实现共同目标可用多种方法，冲突是不能压制的，管理者应当通过协调管理者与员工的关系实现企业目标。从总体上说，企业中主要有以下五种劳动关系管理风格。

（一）传统式

传统式劳动关系管理风格由所谓权威主义所指导，一般适用于小型的、由所有者自己管理的企业。在这种企业中，劳动关系在出现问题之前一般不会受到重视，企业通常采用救火式的方法，发现什么问题解决什么问题，不重视从根本上解决问题。企业文化是强硬式的，是一种权威式的管理风格，行业工会也被这些企业认为是不需要的，企业主尽可能少地付给雇员工资，对待行业工会的态度也是恶意的。

（二）温情式

温情式劳动关系管理风格是一种家长主义的管理风格。这类企业支付给劳动者的工资通常高于市场平均水平，在用人上雇主十分小心地选择合适的员工，然后花费大量的精力使劳动者忠于企业的目标。企业文化主要倡导企业家精神。

（三）协商式

奉行协商式劳动关系管理风格的企业，通过综合应用其雇员关系中的正式的和非正式的机制进行运作，其前提是管理人员应该具有前瞻性计划并采取前瞻性行动，因而被称作解决问题式的管理风格。这种管理风格非常强调向工会和员工咨询，鼓励他们寻找解决问题的方法，以试图与他们达成协议。

（四）法制式

法制式劳动关系管理风格是一种类似协商式的管理风格。与协商式劳动关系管理风格相同，法制式劳动关系管理风格具有关注前瞻性的计划，管理者与行业工会共同工作，员工参与主要通过行为工会的渠道实现。其与协商式劳动关系管理风格的不同之处在于，对待雇员关系的方法较为强硬和充满敌意，更注重正式的管理协议，通过在工作场所进行强有力的双边谈判实现和平共处。协商位于双方的谈判之后。

（五）权变式

权变式劳动关系管理风格由权变理论指导，依赖子公司所拥有的权力，并根据当地的情况管理劳动关系，是一种实用的方法。在很多不同的行为内运作是联合大型企业的特点，子公司向母公司负责利润，当然也提供一些关键性服务。因此，行业工会可能被认可，也可能不被认可；员工参与可能普遍存在，也可能普遍不存在；工资的给付在高层管理者给定的范围内由各个企业自己确定。

第二节　劳动合同管理

一、劳动合同的概念

（一）劳动合同的含义及特点

1. 劳动合同的含义

劳动合同是劳动者和用人单位之间关于订立、履行、变更、解除或者终止劳动权利义务关系的协议。

2. 劳动合同的特点

劳动合同除具有合同的一般特点外，还具有自身的法律特征。

(1) 劳动合同的主体是劳动者与用人单位

劳动者必须是依法具有劳动权利能力和行为能力的公民。作为劳动合同另一方当事人的用人单位，必须是依法设立的企业、事业单位、国家机关、社会团体或者个体经济组织。

（2）劳动合同的内容是劳动者与用人单位双方的权利和义务

劳动者要承担一定的工种、岗位或职务的工作，完成劳动任务，遵守用人单位的内部规则和其他规章制度；用人单位为劳动者提供法律规定或双方约定的劳动条件，给付劳动报酬，保障劳动者享有法定的或约定的各项政治经济权利和其他福利待遇。

（3）劳动合同的标的是劳动者的劳动行为

劳动者实现就业权利后，相应地有完成其劳动行为的义务；用人单位实现用人权利后，管理劳动者完成约定的劳动行为，并有义务支付劳动者的报酬，为职工缴纳社会保险和提供福利。

（4）劳动合同的目的在于确立劳动关系，使劳动过程得以实现

劳动合同是确立劳动关系的法律形式，劳动合同一经订立，就成为规范双方当事人劳动权利和义务的法律依据。

（二）劳动合同的内容

劳动合同的内容是劳动者与用人单位双方通过协商所达成的关于劳动权利和劳动义务的具体规定。其内容必须符合国家法律、行政法规的规定，包括国家的《劳动法》，也包括国家的其他法律、行政法规。劳动合同的内容具体表现为劳动合同的条款，根据条款内容是否为劳动合同所必需的，可分为法定条款和商定条款两部分。

1. 法定条款

①用人单位的名称、住所和法定代表人或者主要负责人。②劳动者的姓名、住址和居民身份证或者其他有效证件号码。③劳动合同期限。劳动合同期限可分为固定期限、无固定期限和以完成一定工作任务为期限。签订劳动合同主要是建立劳动关系，但建立劳动关系必须明确期限的长短。合同期限不明确则无法确定合同何时终止，如何给付劳动报酬、经济补偿等，容易引起争议。④工作内容和工作地点。工作内容是指劳动关系所指向的对象，即劳动者具体从事什么种类或者内容的劳动，这里的工作内容是指工作岗位和工作任务或职责；工作地点是劳动合同的履行地，是劳动者从事劳动合同中所规定的工作内容的地点，它关系到劳动者的工作环境、生活环境，以及劳动者的就业选择，劳动者有权在与用人单位建立劳动关系时知悉自己的工作地点。⑤工作时间和休息、休假。工作时间是指劳动时间在企业、事业、机关、团体等单位中，必须用来完成其所担负的工作任务的时间。一般由法律规定劳动者在一定时间内（工作日、工作周）应该完成

的工作任务，以保证最有效地利用工作时间，不断提高工作效率。休息、休假是指企业、事业、机关、团体等单位的劳动者按规定不必进行工作而自行支配的时间。休息、休假的权利是每个国家的公民都应享有的权利。《劳动法》第三十八条规定："用人单位应当保证劳动者每周至少休息一日。"⑥劳动报酬。劳动合同中的劳动报酬，是指劳动者与用人单位确定劳动关系后，因提供了劳动而取得的报酬。劳动报酬是满足劳动者及其家庭成员物质文化生活需要的主要来源，也是劳动者付出劳动后应该得到的回报。因此，劳动报酬是劳动合同中必不可少的内容。⑦社会保险。社会保险是政府通过立法强制实施，由劳动者、劳动者所在的工作单位或社区及国家三方主体共同筹资，帮助劳动者及其亲属在遭遇年老、疾病、工伤、生育、失业等风险时，防止收入的中断、减少或丧失，以保障其基本生活需求的社会保障制度。社会保险由国家成立的专门性机构进行基金的筹集、管理及发放，不以营利为目的。一般包括医疗保险、养老保险、失业保险、工伤保险和生育保险。⑧劳动保护、劳动条件和职业危害防护。⑨法律法规规定的应当纳入劳动合同的其他事项。

2. 商定条款

商定条款又称约定条款或补充条款，即双方当事人在法定条款之外，根据具体情况，经协商可以约定的条款，主要有以下内容。①试用期。依据我国新颁布的《中华人民共和国劳动合同法》（以下简称《劳动合同法》）的规定，第十九条劳动合同期限三个月以上不满一年的，试用期不得超过一个月；劳动合同期限一年以上不满三年的，试用期不得超过两个月；三年以上固定期限和无固定期限的劳动合同，试用期不得超过六个月。同一个用人单位与同一个劳动者只能约定一次试用期。以完成一定工作任务为期限的劳动合同或者劳动合同不满3个月的，不得约定试用期。试用期包含在劳动合同期限内。劳动合同仅约定试用期的，试用期不成立，该期限为劳动合同期限。②培训。针对现实中劳动者在用人单位出资培训后违约现象比较严重的情况，用人单位可以在劳动合同中约定培训条款或签订培训协议，就用人单位为劳动者支付的培训费用、培训后的服务期，以及劳动者违约解除劳动合同时赔偿培训费的计算方法等事项进行约定。③保守商业秘密。商业秘密指不为公众所熟悉，能给用人单位带来经济利益，被用人单位采取保密措施的技术、经济和管理信息。保守商业秘密包括合同期内的保密，以及合同终止后的竞业禁止。保密条款一般包括需要保守商业秘密的对象、保密的范围和期限及相应的补偿。④补充保险和福利待遇。用人单位和劳动者除应当参加社会保险外，还可以协商约定补充医疗保险、补充养老保险和人身意外伤害险等条款。明确有关福利，如给员工提供的住房、通勤班车、带薪年休假、托儿所、幼儿园、子女入学等条件。⑤其他事项。双方认为需要约定的其他内容，如对第二职业的限制、对归还物品的约定等。

（三）劳动合同和专项协议

劳动关系当事人的部分权利和义务可以专项协议的形式规定。所谓专项协议，是劳动关系当事人为明确劳动关系中特定的权利义务，在平等自愿、协商一致的基础上达成的契约。专项协议可在订立劳动合同的同时协商确定，也可在劳动合同的履行期间因满足主客观情况的变化需要而订立。此种专项协议书约定在特定条件下用人单位和劳动者的权利义务，此时，劳动合同中约定的权利义务暂时中止执行。各项协议书是劳动合同的附件。

二、劳动合同的订立

（一）劳动合同订立的原则

劳动合同订立的原则，是指在劳动合同订立过程中双方当事人应当遵循的法律准则。

1．合法原则

合法原则是指订立劳动合同的行为不得与法律法规相抵触。合法是劳动合同有效并受国家法律保护的前提条件，它的基本内涵应当包括以下几个方面。

（1）订立劳动合同的主体必须合法

订立劳动合同的主体是用人单位和劳动者。主体合法，即当事人必须具备订立劳动合同的主体资格。用人单位的主体资格是指必须具备法人资格或经国家有关机关批准依法成立，必须有被批准的经营范围和履行劳动关系权利义务的能力，以及承担经济责任的能力；个体工商户必须具备民事主体的权利能力和行为能力。劳动者的主体资格，是指必须达到法定的最低就业年龄，具备劳动能力。任何一方如果不具备订立劳动合同的主体资格，那么所订立的劳动合同就是违法的。

（2）订立劳动合同的目的必须合法

目的合法，是指双方当事人订立劳动合同的宗旨和实现法律后果的意图不得违反法律法规的规定。劳动者订立劳动合同的目的是实现就业，获得劳动报酬；用人单位订立劳动合同的目的是使用劳动力组织社会生产劳动，发展经济，创造效益。

（3）订立劳动合同的内容必须合法

内容合法，是指双方当事人在劳动合同中确定的具体的权利与义务条款必须符合法律法规和政策的规定。劳动合同的内容涉及工作内容、工资分配、社会保险、工作时间和休息休假及劳动安全卫生等多方面的内容，劳动合同在约定这些内容时，不能违背法律和行政法规的规定。

（4）订立劳动合同的程序与形式合法

程序合法，是指劳动合同的订立必须按照法律、行政法规所规定的步骤和方式进行，一般要经过要约和承诺两个步骤，具体方式是先起草劳动合同书草案，然后由双方当事人平等协商，协商一致后签约。形式合法，是指劳动合同必须以法律法规规定的形式签订。《劳动合同法》第十条规定："建立劳动关系，应当订立书面劳动合同。"明确了订立劳动合同的形式，并对不订立书面劳动合同的行为追究责任，对劳动者造成损害的，还要承担赔偿责任。

2．公平原则

《劳动合同法》增加"公平"为订立劳动合同的原则，是要求在劳动合同订立过程及劳动合同内容的确定上应体现公平。公平原则强调了劳动合同当事人在订立劳动合同时，对劳动合同内容的约定，双方承担的权利义务中不能要求一方承担不公平的义务。如果双方订立的劳动合同内容有失公平，那么该劳动合同中有失公平的条款无效。例如：因重大误解导致的权利义务不对等，对同岗位的职工提出不一样的工作要求，对劳动者的一些个人行为作出限制性规定，等等。对于劳动者来说，有失公平的合同违背了劳动者的真实意愿。因此，《劳动合同法》规定，"用人单位免除自己的法定责任、排除劳动者权利的"劳动合同无效。

3．平等自愿原则

平等，是指订立劳动合同的双方当事人具有相同的法律地位。在订立劳动合同时，双方当事人是以劳动关系平等主体资格出现的，有着平等的权利，不存在命令与服从的关系，任何以强迫、胁迫、欺骗等非法手段订立的劳动合同，均属无效。这一原则赋予了双方当事人公平表达各自意愿的机会，有利于维护双方的合法权益。自愿，是指订立劳动合同必须出自双方当事人自己的真实意愿，是在充分表达各自意见的基础上，经过平等协商达成的协议。这一原则保证了劳动合同是当事人根据自己的意愿独立作出决定的；劳动合同内容的确定，必须完全与双方当事人的真实意愿相符合。采取暴力、强迫、威胁、欺诈等手段订立的劳动合同无效。

4．协商一致原则

协商一致，是指双方当事人依法就劳动合同订立的有关事项，应当采用协商的办法达成一致。这一原则是维护劳动关系当事人合法权益的基础。这条原则重点在"一致"，只有通过协商达成统一，才能真正体现平等自愿的原则。如果在订立劳动合同时，双方当事人不能达成一致，则劳动合同不能成立。

5．诚实信用原则

诚实信用，是合同订立和履行的过程中都应遵循的原则。《劳动合同法》增加"诚实信用"为订立劳动合同的原则，表明双方当事人订立劳动合同的行为必须诚实，双方当事人为订立劳动合同提供的信息必须真实。双方当事人在订立与履行劳动合同时，必须以自己的实际行动体现诚实信用，互相如实陈述有关情况，并忠实履行签订的协议。当事人一方不得强制或者欺骗对方，也不能采取其他诱导方式使对方违背其真实意愿而接受条件。有欺诈行为签订的劳动合同，受损害的一方有权解除劳动合同。在国外，雇员隐瞒重要事实，即使双方已经签订劳动合同，雇主也可以直接解除劳动合同。我国《劳动法》没有相应的规定，《劳动合同法》在明确了以欺诈签订的劳动合同无效或者部分无效的同时，对当事人存在这种情形的，允许另一方当事人解除劳动合同。

（二）订立劳动合同的程序

劳动者和用人单位在签订劳动合同时，应遵循一定的手续和步骤。根据《劳动法》的有关规定及订立劳动合同的实践，签订劳动合同的程序一般如下。

1. 提议

在签订劳动合同前，劳动者或用人单位提出签订劳动合同的建议，称为要约，如用人单位通过招工简章、广告、电台等渠道提出招聘要求，另一方接受建议并表示完全同意，称为承诺。一般由用人单位提出和起草合同草案，提供协商的文本。

2. 协商

双方对签订劳动合同的内容进行认真磋商，包括工作任务、劳动报酬、劳动条件、内部规章、合同期限、保险福利待遇等。协商的内容必须做到明示、清楚、具体、可行，充分表达双方的意愿和要求，经过讨论、研究，相互让步，最后达成一致意见。要约方的要约需要经过双方反复提出不同意见，最后在新要约的基础上表示新的承诺。在双方协商一致后，协商即告结束。

3. 签约

在认真审阅合同文书，确认没有分歧后，用人单位的法定代表人或者其书面委托的代理人代表用人单位与劳动者签订劳动合同。劳动合同由双方分别签字或者盖章，并加盖用人单位印章。订立劳动合同可以约定生效时间。没有约定的，以当事人签字或盖章的时间为生效时间。当事人签字或盖章时间不一致的，以最后一方签字或盖章的时间为准。

（三）无效劳动合同的确认及处理

无效劳动合同，是指当事人违反法律法规或违背平等、自愿原则签订的不具有法律约束力的劳动合同。

1. 无效劳动合同的认定

无效劳动合同的认定主要有以下几种情形。

（1）内容不合法

内容不合法主要指劳动合同内容中存在违反法律、行政法规的部分。其中“法律、行政法规”既包括现行法律、行政法规，也包括以后颁布实行的法律、行政法规；既包括劳动法律法规，也包括民事、经济方面的法律法规。

（2）程序不合法

程序不合法即采取欺诈、威胁等手段订立的劳动合同。其中，“欺诈”是指一方当事人故意告知对方当事人虚假的情况，或者故意隐瞒真实的情况，诱使对方当事人做出错误意思表示的行为；“威胁”是指以给公民及其亲友的生命、健康、荣誉、名誉、财产等造成损害为要挟，迫使对方做出违背真实意思表示的行为。劳动合同的无效，经仲裁未提请诉讼的，由劳动争议仲裁委员会认定；经仲裁提请诉讼的，由人民法院认定。

2．处理

劳动合同被确认无效后，按如下程序处理。①根据劳动合同的无效程度，确定审理的程序和方式。对全部无效的劳动合同，在查明事实、分清责任的基础上，制定无效劳动合同确认书，终止仲裁审理程序；对于部分无效的劳动合同，无效部分以裁定的方式处理，终止仲裁程序，有效部分按仲裁程序审理。②根据无效劳动合同是否造成财产损失及责任大小，分别对有关当事人进行处理。对未造成财产损失的无效劳动合同，如双方发生劳动争议，一般由劳动争议仲裁委员会主持调解。对造成财产损失后果的无效劳动合同，当事人因此产生争议的，应根据损失大小和责任轻重，对当事人分别采取返还财产、赔偿损失的责任方式处理。“返还财产”是指有过错一方当事人因订立无效劳动合同而获得的财产，应当返还给因此而受损失的对方当事人。“赔偿损失”是指对于认定无效的劳动合同有过错一方当事人应当赔偿对方因此遭受的损失；双方都有过错的，各自承担相应的责任。《劳动法》规定，由于用人单位的原因订立的无效合同，对劳动者造成损害的，应当承担赔偿责任。对于双方当事人恶意串通订立无效劳动合同，损害国家利益和第三人利益的，要追缴双方已经取得的财产，将其收归国家所有或返还第三人。③重新确立合法的劳动关系。劳动合同被确认无效后，合同尚未履行的，应当责成当事人不得履行；正在履行的，应当责成当事人立即停止履行。对于合法的劳动合同主体订立的无效劳动合同，可以由劳动争议仲裁委员会主持双方当事人自愿协商，按照法律法规的要求，纠正无效的劳动合同，重新订立合法有效的劳动合同，使当事人之间的劳动关系合法化，受到法律的保护。无效劳动合同自订立起就不具有法律效力；劳动合同如属部分无效，又不影响其余部分的效力，则其余部分仍然有效，但对无效部分必须加以修改。

三、劳动合同的变更

劳动合同的变更是指在劳动合同开始履行但尚未完全履行之前，因订立劳动合同的主客观条件发生了变化，当事人依照法律规定的条件和程序，对原合同中的某些条款修改、补充的法律行为。劳动合同的变更，其实质是双方的权利、义务发生改变。合同变更的前提是双方原来存在合法的合同，变更的原因主要是客观情况发生变化，变更的目的是继续履行合同。劳动合同的变更一般限于内容的变更，不包括主体的变更。劳动合同依法订立后，即产生相应的法律效力，对合同当事人具有法律约束力。当事人应当按照约定履行自己的义务，不得擅自变更合同，但这并不意味着当事人就没有在合同生效后，变更相应权利、义务的途径。恰恰相反，当事人既可以经自由的协商变更合同，也可以在约定或法定的条件满足时，行使合同的变更权。劳动合同的变更，要遵循平等自愿、协商一致的原则，任何一方不得将自己的意志强加给对方。引起劳动合同变更的主要原因包括：①用人单位方面的原因。例如，企业经上级主管部门批准或根据市场变化决定转产或调整生产任务及生产项目。②劳动者方面的原因。例如，劳动者身体状况发生变化，因病丧失部分劳动能力等。③客观方面的原因。例如，劳动合同中部分条款与国家新颁布的法律法规、政策相抵触，必须修改有关条款；劳动合同订立时所依据的客观情况发生重大变化，致使劳动合同无法履行。劳动合同当事人一方要求变更劳动合同相关内容的，应当将变更要求以书面形式送交另一方，另一方应当在15日内答复，逾期不答复的，视为不同意变更劳动合同。具体做法：第一，提出要求。向对方提出变更合同的要求和理由。第二，作出答复。在规定的期限内给予答复：同意、不同意或提议再协商。第三，签订协议。在变更协议书上签字盖章后即生效。

四、劳动合同的解除

劳动合同的解除，是劳动合同在期满之前，双方或单方提前终止劳动合同效力的法律行为，分为法定解除和协商解除。法定解除指法律法规或劳动合同规定可以提前终止劳动合同的情况。协商解除指双方协商一致而提前终止劳动合同的法律效力。

（一）用人单位单方解除劳动合同

1. 过失性解除

《劳动合同法》第三十九条规定，劳动者有下列情形之一的，用人单位可以解除劳动合同：①在试用期间被证明不符合录用条件的；②严重违反用人单位的规章制度的；③严重失职，营私舞弊，给用人单位造成重大损害的；④劳动者同时与其他用人单位建立劳动关系，对完成本单位的工作任务造成严重影响，或者经用人单位提出，拒不改正的；⑤以欺诈、胁迫的手段或者乘人之危，使对方在违背真实意思的情况下订立或者变更劳动合同致使劳动合同无效的；⑥被依法追究刑事责任的。以上六种情况是劳动者本身造成的，劳动者主观上有严重过失，因而用人单位有权随时解除合同。过失性解除，不受提前通知的限制，不受用人单位不得解除劳动合同的法律限制，且不给予经济补偿。

2. 非过失性解除

《劳动合同法》第四十条规定，有下列情形之一的，用人单位提前30日以书面形式通知劳动者本人或者额外支付劳动者一个月工资后，可以解除劳动合同：①劳动者患病或者非因工负伤，在规定的医疗期满后不能从事原工作，也不能从事由用人单位另行安排的工作的；②劳动者不能胜任工作，经过培训或者调整工作岗位，仍不能胜任工作的；③劳动合同订立时所依据的客观情况发生重大变化，致使劳动合同无法履行，经用人单位与劳动者协商，未能就变更劳动合同内容达成协议的。

3. 经济性裁员

经济性裁员是一种特殊的用人单位单方解除劳动合同的情况。《劳动合同法》第四十一条规定，有下列情形之一，需要裁减人员二十人以上或者裁减不足二十人但占企业职工总数百分之十以上的，用人单位提前30日向工会或者全体职工说明情况，听取工会或者职工的意见后，裁减人员方案经向劳动行政部门报告，可以裁减人员：①依照《中华人民共和国企业破产法》（以下简称《企业破产法》）规定进行重整的；②生产经营发生严重困难的；③企业转产、重大技术革新或者经营方式调整，经变更劳动合同后，仍需裁减人员的；④其他因劳动合同订立时所依据的客观经济情况发生重大变化，致使劳动合同无法履行的。裁减人员时，应当优先留用下列人员：①与本单位订立较长期限的固定期限劳动合同的；②与本单位订立无固定期限劳动合同的；③家庭无其他就业人员，有需要扶养的老人或者未成年人的。用人单位依照《企业破产法》规定进行裁减人员，在6个月内重新招用人员的，应当通知被裁减的人员，并在同等条件下优先招用被裁减的人员。

4. 用人单位不得解除劳动合同

为了保护劳动者合法权益，防止不公正解雇，《劳动合同法》除规定用人单位可以解除劳动合同的情形外，还规定了用人单位不得解除劳动合同的情形。根据该法第四十二条的规定，劳动者有下列情形之一的，用人单位不得依照该法第四十条、第四十一条的规定解除劳动合同：①从事接触职业病危害作业的劳动者未进行离岗前职业健康检查，或者疑似职业病病人在诊断或者医学观察期间的；②在本单位患职业病或者因工负伤并被确认丧失或者部分丧失劳动能力的；③患病或者非因工负伤，在规定的医疗期内的；④女职工在孕期、产期、哺乳期的；⑤在本单位连续工作满15年，且距法定退休年龄不足五年的；⑥法律、行政法规规定的其他情形。

（二）劳动者单方解除劳动合同

根据《劳动合同法》的规定，劳动者单方解除合同的情况有以下两种。第一，劳动者即时解除劳动合同。用人单位有下列情形之一的，劳动者可以解除劳动合同：①未按照劳动合同约定提供劳动保护或者劳动条件的；②未及时足额支付劳动报酬的；③未依法为劳动者缴纳社会保险费的；④用人单位的规章制度违反法律法规的规定，损害劳动者权益的；⑤以欺诈、胁迫的手段或者乘人之危，使对方在违背真实意思的情况下订立或者变更劳动合同致使劳动合同无效的；⑥法律、行政法规规定劳动者可以解除劳动合同的其他情形。第二，劳动者应当提前通知对方解除劳动合同。无以上情形的，劳动者要解除劳动合同应当提前30日以书面形式通知用人单位。劳动者在试用期内提前3日通知用人单位，可以解除劳动合同。

（三）用人单位解除劳动合同给予劳动者经济补偿的规定

1．用人单位解除劳动合同的经济补偿和经济赔偿

用人单位依法解除劳动合同的，应给劳动者经济补偿金；用人单位违法解除劳动合同或者终止劳动合同的，劳动者要求继续履行劳动合同的，用人单位应当继续履行，劳动者不要求继续履行劳动合同或者劳动合同已经不能继续履行的，应给劳动者经济补偿金。经济补偿按劳动者在本单位工作的年限，每满1年支付1月工资的标准向劳动者支付。6个月以上不满1年的，按1年计算；不满6个月的，向劳动者支付半个月工资的经济补偿。用人单位违反法律规定解除或者终止劳动合同的，应当以经济补偿金标准的2倍向劳动者支付赔偿金。劳动者月工资高于用人单位所在直辖市、设区的市级人民政府公布的本地区上年度职工月平均工资3倍的，向其支付经济补偿的标准按职工月平均工资3倍的数额支付，向其支付经济补偿的年限最高不超过12年。

2．劳动者解除劳动合同的经济补偿和经济赔偿

劳动者违反法律规定解除劳动合同或者违反劳动合同中约定的保密事项，对用人单位造成损失的应当依法承担赔偿责任。赔偿的范围包括：①用人单位招收录用其所支付的费用；②用人单位为其支付的培训费用，双方另有约定的按约定办理；③对生产、经营和工作造成的直接经济损失；④劳动合同约定的其他赔偿

费用。劳动者违反劳动合同中约定的保密事项，对用人单位造成经济损失的，按《中华人民共和国反不正当竞争法》的规定向用人单位支付赔偿费用。用人单位招用尚未解除劳动合同的劳动者，给原用人单位造成经济损失的，该用人单位应当与劳动者承担连带赔偿责任。

五、劳动合同的终止与续订

（一）劳动合同的终止

劳动合同的终止是指合同期满或双方当事人约定的终止条件出现，劳动合同规定的权利、义务即行终止的制度。劳动合同的终止，并非双方的积极行为所致，一般是由合同本身的因素、法律规定、不可抗力所致。有下列情形之一的，劳动合同终止：①劳动合同期满的；②劳动者开始依法享受基本养老保险待遇的；③劳动者死亡，或者被人民法院宣告死亡或者宣告失踪的；④用人单位被依法宣告破产的；⑤用人单位被吊销营业执照、责令关闭、撤销或者用人单位决定提前解散的；⑥法律、行政法规规定的其他情形。劳动合同期满或者当事人约定的劳动合同终止条件出现，劳动合同即行终止，用人单位可以不支付劳动者经济补偿金。

（二）劳动合同的续订

劳动合同经双方当事人协商一致可以续订。续订劳动合同不得约定试用期，具体内容包括：①双方协商续订劳动合同；②劳动者在同一用人单位连续工作10年以上，双方当事人同意续延劳动合同的，如果劳动者提出订立无固定期限劳动合同，用人单位应当与劳动者订立无固定期限劳动合同；③劳动者患职业病或者因工负伤并被确认达到伤残等级，要求续订劳动合同的，用人单位应当续订劳动合同；④劳动者在规定的医疗期内或者女职工在孕期、产期、哺乳期内，劳动合同期满时，用人单位应当将劳动合同的期限顺延至医疗期、孕期、产期、哺乳期期满。

六、集体合同制度

（一）集体合同的含义及特征

1. 集体合同的含义

集体合同是集体协商双方代表根据劳动法律法规规定，就劳动报酬、工作时间、休息休假、劳动安全卫生、保险福利等事项，在平等合作、协商一致的基础上签订的书面协议。集体合同根据协商、签约所代表的范围不同，分为基层集体合同、行业集体合同、地区集体合同等。我国集体合同体制以基层集体合同为主，即集体合同由基层工会组织与企业签订，只对签订单位具有法律效力。

2．集体合同的特征

①集体合同是当事人之间的劳动协议。首先，从集体合同的内容上看，主要反映生产过程中的劳动关系。集体合同所规定的标准条件，主要是劳动条件，如工资标准、安全卫生、生活福利等。集体合同所规定的义务，无论是双方当事人共同承担的一般性义务，还是各自承担的特别义务，都具有劳动性质。其次，从当事人订立集体合同的目的来看，企业订立集体合同的目的是改善劳动组织，巩固劳动纪律，减少劳动纠纷，发挥职工的劳动积极性，提高劳动效率。工会与企业订立集体合同的目的，主要是在发展生产的基础上，改善职工的劳动条件和生活条件。可见，集体合同是劳动关系的准则，劳动关系的存在是集体合同存在的基础。②集体合同有特定的当事人，当事人中至少有一方是由多数人组成的团体。集体合同的当事人一方是企业，另一方当事人不能是劳动者个人或劳动者中的其他团体或组织，只能是代表劳动者的工会组织，没有建立工会组织的，以劳动者按照一定程序推举的代表为其代表。③集体合同的签订既受国家劳动法律法规的制约，又受国家宏观调控计划的制约。④集体合同是定期的书面合同，其生效须经特定程序。集体合同是要式合同，只有制作成书面形式，并依法报送劳动行政部门，在劳动行政部门收到合同文本之日起15日内未提出异议的，才具有法律效力。

（二）集体合同与劳动合同的区别与联系

集体合同和劳动合同都是制约劳动关系的重要形式和法律制度，两者有着密切的联系，在订立目的、内容等方面也有共同之处，但集体合同和劳动合同又有着明显的区别，两者不能等同，也不能相互代替。两者的主要区别：第一，集体合同与劳动合同的当事人不同。集体合同的当事人一方是代表职工的工会组织，另一方是企业。劳动合同的当事人一方是劳动者个人，另一方是企业或雇主等。也就是说，劳动者个人作为出卖劳动力的一方不能签订集体合同，而工会组织也不能为劳动者个人签订劳动合同。第二，集体合同与劳动合同的内容不同。集体合同与劳动合同都以工作任务、劳动条件、劳动报酬、保险福利等为基本内容，但在具体订立的协议上是有区别的。集体合同制约集体劳动关系，内容全面、复杂，带有整体性。劳动关系的内容在法律法规中未作规定或只规定基本标准，以及劳动合同中的某些问题未由法律法规规定的，集体合同都可以规定。而劳动合同的内容比较简单，一般都在法律法规中直接规定，法律、法规未作规定的，可由劳动合同规定，是单一的。第三，集体合同与劳动合同产生的时间不同。集体合同产生于劳动关系的运行过程中，它不以单个劳动者参加劳动为前提。而劳动合同产生于劳动者参加劳动前，是以劳动者就业为前提的，是劳动者与企业建立劳动关系的法律凭证。第四，集体合同与劳动合同的作用不同。集体合同的作用在于改善劳动关系，维护职工的群体利益。而劳动合同的作用在于建立劳动关系，维护劳动者个人和用人单位的权益。第五，集体合同与劳动合同的效力不同。就劳动者一方来说，集体合同对一个单位的全体劳动者有效，而劳动合同只对劳动者个人有效，且劳动合同中的劳动条件和劳动报酬的标准不得低于集体合同的约定。

（三）集体合同的订立、变更及终止

1. 集体合同的订立

集体合同的订立，是指工会或职工代表与企业之间，为规定用人单位和全体职工的权利义务而依法就集体合同条款经过协商一致，确立集体合同关系的法律行为。集体合同按如下程序订立：①讨论集体合同草案或专项集体合同草案。经双方代表协商一致的集体合同草案或专项集体合同草案应提交职工代表大会或者全体职工讨论。②通过草案。全体职工代表半数以上或者全体职工半数以上同意，集体合同草案或专项集体合同草案方获通过。③集体协商双方首席代表签字。

2. 集体合同的变更和解除

集体合同的变更是指集体合同生效后尚未履行完毕之前，由于主客观情况发生变化，当事人依照法律规定的条件和程序，对原集体合同进行修改或增删的法律行为。集体合同的解除，是指提前终止集体合同的法律效力。经双方协商代表协商一致，可以变更或解除集体合同或专项集体合同。根据《集体合同规定》，有下列情形之一的，可以变更或解除集体合同或专项集体合同：①用人单位因被兼并、解散、破产等原因，致使集体合同或专项集体合同无法履行的；②因不可抗力等原因致使集体合同或专项集体合同无法履行或部分无法履行的；③集体合同或专项集体合同约定的变更或解除条件出现的；④法律、法规、规章规定的其他情形。

3. 集体合同的终止

集体合同的终止是指因某种法律事实的发生而导致集体合同法律关系终止。集体合同或专项集体合同期限一般为1～3年，期满或双方约定的终止条件出现，即行终止。集体合同或专项集体合同期满前3个月内，任何一方均可向对方提出重新签订或续订的要求。集体合同或专项集体合同签订或变更后，应当自双方首席代表签字之日起10日内，由用人单位一方将文本一式三份报送劳动行政部门审查。劳动行政部门自收到文本之日起15日内未提出异议的，集体合同或专项集体合同即行生效。

第三节 劳动争议管理

一、劳动争议的概念

（一）劳动争议的含义

劳动争议也称劳动纠纷，是指劳动关系当事人之间因劳动的权利与义务发生分歧而引起的争议。其中有的属于既定权利的争议，即因适用劳动法和劳动合同、集体合同的既定内容而发生的争议；有的属于要求新的权利而出现的争议，是因制定或变更劳动条件而发生的争议。随着社会的不断发展和劳动法体系的逐步健全，劳动争议处理已经成为一项法律制度，在劳动法律制度中占有重要地位，并且在调解劳动关系中发挥着至关重要的作用。

（二）劳动争议的特征

1.劳动争议的主体

劳动争议是劳动关系当事人之间的争议。劳动关系当事人一方为劳动者，另一方为用人单位。劳动者主要是指与在中国境内的企业、个体经济组织建立劳动合同关系的职工和与国家机关、事业单位、社会团体建立劳动合同关系的职工。用人单位是指在中国境内的企业、个体经济组织，以及国家机关、事业单位、社会团体等与劳动者订立了劳动合同的单位。不具有劳动法律关系主体身份者之间所发生的争议，不属于劳动争议。如果争议不是发生在劳动关系双方当事人之间，即使争议内容涉及劳动问题，也不构成劳动争议。例如，劳动者之间在劳动过程中发生的争议，用人单位之间因劳动力流动发生的争议，劳动者或用人单位与劳动行政部门在劳动行政管理中发生的争议，劳动者或用人单位与劳动服务主体在劳动服务过程中发生的争议，等等，都不属于劳动争议。

2.劳动争议的内容

劳动争议的内容涉及劳动权利和劳动义务，是为实现劳动关系而产生的争议。劳动关系是劳动权利义务关系，如果劳动者与用人单位之间的争议不是为了实现劳动权利和劳动义务而发生的，就不属于劳动争议的范畴。劳动权利和劳动义务的内容非常广泛，包括就业、工资、工时、劳动保护、劳动保险、劳动福利、职业培训、民主管理、奖励惩罚等。

3.劳动争议的表现

劳动争议既可以表现为非对抗性矛盾，也可以表现为对抗性矛盾，而且两者在一定条件下可以相互转化。在一般情况下，劳动争议表现为非对抗性矛盾，给社会和经济带来不利影响。

（三）劳动争议的受理范围

根据《中华人民共和国劳动争议调解仲裁法》（以下简称《劳动争议调解仲裁法》）的规定，中华人民共和国境内的用人单位与劳动者发生的下列劳动争议，适用该法：①因确认劳动关系发生的争议；②因订立、履行、变更、解除和终止劳动合同发生的争议；③因除名、辞退和辞职、离职发生的争议；④因工作时间、休息休假、社会保险、福利、培训及劳动保护发生的争议；⑤因劳动报酬、工伤医疗费、经济补偿或者赔偿金等发生的争议；⑥法律法规规定的其他劳动争议。

（四）劳动争议产生的原因

劳动争议产生的原因可从劳动关系的双方主体出发进行分析。

1. 用人单位方面的原因

①随着《劳动法》的颁布及劳动力市场的日益成熟，一些经历了劳动用工政策改革的用人单位领导和管理人员在主观意识上对政策的巨大改变没有完全转变过来，有一部分单位领导和管理人员仍然不了解、不熟悉《劳动法》及现行的有关劳动保障方面的法规、政策，不按法律办事，还是按传统的方法管理员工，这是造成劳动争议的主要原因。②用人单位内部规章制度是用人单位自行制定，用于经营、管理单位及规范员工行为的规范性文件。它是用人单位处理违纪员工的“操作手册”，是用人单位自己内部的“法律”。现实中因用人单位内部规章存在问题而引发的劳动纠纷不在少数。比如，有的用人单位规章制度不健全，出现了许多不该发生的漏洞和违规行为。③目前，仍有相当一部分用人单位不按规定与职工签订劳动合同。《劳动法》明确规定，建立劳动关系应当订立劳动合同，即使用人单位在临时性岗位上用工，可以在劳动合同期限上有所区别，但必须依法与职工订立劳动合同，明确双方的权利和义务。因此，不与职工签订劳动合同，由此引发的一系列劳动争议更是层出不穷。④劳动用工日常管理不规范。引发劳动争议的原因多数为缴纳社会保险、劳动报酬、辞退、解除和终止劳动合同等方面的问题。

2. 劳动者方面的原因

①由于社会的进步，劳动者的法律意识、维权意识增强，当自身的利益受到侵害后能勇敢地拿起法律武器维护自己的合法权益。②个别劳动者恶意用法，违反用人单位的劳动纪律或侵害用人单位的利益，给用人单位造成严重损失。

（五）劳动争议处理程序

1.劳动争议的协商

劳动争议的协商是指双方当事人在劳动争议发生后，可以自行协商，也可以在第三者参与下通过协商分清责任，互相取得谅解，自愿达成和解协议，从而解决劳动争议的一种方式。我国《劳动法》提倡和鼓励双方当事人协商解决劳动争议。实践表明，有相当数量的劳动争议，都是通过双方当事人协商达成和解协议的，使劳动争议解决在萌芽状态。当然协商解决是以双方自愿为基础的，不愿协商或者经过协商不能达成一致的，当事人可以选择调解程序或仲裁程序。

2.劳动争议的调解

劳动争议的调解是指在第三者的主持下，在查明事实、分清是非、明确责任的基础上，依照《劳动法》的规定及劳动合同约定的权利和义务使劳动争议双方当事人互相谅解，就争议事项达成新的协议，从而使劳动争议得到解决的一种方式。调解也是一种协商，但这是在第三者的主持下，推动双方当事人进行协商的一种方式。

3.劳动争议的仲裁

劳动争议的仲裁是指劳动争议仲裁委员会对所规定受理范围内调解不成的劳动争议案件，依照仲裁程序，在事实上作出判断，对争议双方的劳动权利和义务作出仲裁决定。仲裁是劳动争议处理的重要程序，《仲裁法》以三分之二的条款，对劳动争议仲裁作出了具体规定，完善了劳动争议仲裁制度，这是对劳动争议处理制度的创新和突破。

4.劳动争议的审判

劳动争议的审判是指人民法院受理法律规定范围内的劳动争议后，依照司法诉讼程序进行审理和判决。目前根据《仲裁法》的规定，向人民法院提起诉讼的劳动争议案件有两种情况：一是争议案件必须经过劳动争议仲裁委员会作出仲裁决定；二是就劳动报酬、工伤医疗费、经济补偿或者赔偿金等案件，根据当事人的申请，可以裁决先予执行，再移送人民法院执行。直接通过人民法院的审判来解决劳动争议，对保护劳动关系双方当事人的合法权益，制裁劳动违法行为，维护社会经济活动的正常进行有着极其重要的作用。

二、劳动争议的协商

（一）劳动争议协商的概念

劳动争议协商有广义和狭义之分，广义的劳动争议协商是指劳动争议发生后，劳动争议发地双方进行商谈，并达到协商以解决纠纷的一种活动，这种活动存在于争议处理的各个阶段，因此，广义的劳动争议协商包括劳动争议发生后但劳动关系并未终止的情况下资方与劳方之间的沟通行为；狭义的劳动争议协商是指劳动争议发生后，劳动争议的双方依照法律的规定进行对话、商谈并达成协议，以解决纠纷的一种具有法律意义的制度。依学术界的通常见解，我国法律法规是从狭义上使用协商这一概念的。

（二）劳动争议协商的分类

1.个别劳动争议协商

个别劳动者与用人单位之间发生争议而协商解决的，存在劳动关系维持和终结两种情况或前提。在劳动关系维持的情况下，由于用人单位与劳动者还存在管理与被管理的关系，劳动关系的从属性决定了此种个别协商在劳动争议处理上难有很大的作为，此时的个别协商与人力资源管理上的双方沟通在本质上有相同之处。还有一种是指在发生劳动争议后，并且在劳动关系终结情况下，劳动者已经摆脱与用人单位之间管理与被管理的关系，重新获得与用人单位平等的协商地位。

2.群体性劳动争议协商

我国劳动立法中规定了群体性劳动争议，但是并没有对群体性劳动争议协商作出专门规定。群体性劳动争议协商通常是指由职工一方推选出2~5名代表，代表全体发生争议职工与用人单位进行协商。由于法律法规没有规定相应的协商程序，在代表被推选出来后，代表与用人单位依个别劳动争议协商程序进行协商。

3.集体合同劳动争议协商

目前，我国对不同时段发生的集体合同劳动争议采取不同的处理制度：在签订集体合同过程中发生争议的，按《劳动法》和《集体合同规定》处理，由当事人双方协商解决，协商不成的，由当地人民政府劳动行政部门组织有关各方协商处理；在履行集体合同过程中发生争议的，按《劳动法》规定处理，当事人协商解决不成的，可以向劳动争议仲裁委员会申请仲裁，对仲裁裁决不服的，可以自收到仲裁裁决书之日起15日内向人民法院提出诉讼；对于争议当事人确定的集体争议，职工一方在30人以上的，按《劳动争议仲裁委员会办案规则》的案件特别审理程序处理。上述规定表明，因集体合同的签订和履行而发生的劳动争议，当事人必须进行协商，没有选择的权利。

三、劳动争议的调解

（一）调解的作用及原则

1. 劳动争议调解的作用

（1）有利于职工参与企业的民主管理

劳动争议调解委员会的成员中有职工代表，能反映职工的需要和愿望，它给用人单位和劳动者提供了一个和平处理争议的平台。另外，职工参与管理能创造出和谐的工作氛围，同时也能提高员工的工作积极性。

（2）能够及时解决劳动争议

本单位的职工了解和熟悉情况，能够更快地找出问题所在，在提出劳动争议调解时就能够了解情况，有利于劳动争议的合理解决。

（3）减轻仲裁机构的负担

大量的劳动争议能够在企业劳动争议调解委员会的调解下得到解决，无须进行仲裁审理，这大大减少了仲裁机关的工作量，使其能集中精力处理仲裁案件。总之，发生劳动争议首先进行调解对企业、劳动者和争议处理机构都有好处，能及时解决劳动争议。

2．劳动争议调解的原则

企业调解是解决劳动争议处理全过程中的一个环节，要遵循整个劳动争议处理的原则。

（1）调解自愿原则

在劳动争议处理的其他程序中也要遵循这一原则，尤其在调解程序中，该原则体现得最为充分。首先，调解劳动争议必须得到用人单位和劳动者的申请，即使劳动争议调解委员会进行调解，劳动争议双方当事人也有权拒绝调解；其次，劳动争议调解委员会的调解结果只是双方当事人的协议，不具有法律强制力，由用人单位和劳动者自愿执行。

（2）法律地位平等

劳动争议调解委员会的调解主要是对双方当事人进行疏导、说服教育，而在这个过程中不能没有原则，不能违背劳动法律法规，必须有一定的标准和依据。这个标准和依据就是国家现行的劳动法律法规、政策等，以此来判断双方当事人的是非责任，促使协议达成。不能偏袒任何一方，注重双方当事人法律地位平等的原则。

（3）民主协商原则

劳动争议调解委员会作为企业内部群众性调解组织，没有任何行政权和准司法权，加上调解程序是一个自愿性程序，这就需要在开展调解工作时注意加强协商和沟通。调解要求劳动争议调解委员会处于中立的地位，促使用人单位和劳动者双方进行协商，任何一方不能把自己的意志强加给对方。

（4）尊重当事人申请仲裁和诉讼的权利

劳动争议调解委员会要通过良好的服务提高劳动争议办案率，尽量把纠纷解决在企业基层，但这并不是说就可以不管案件具体情形，一味强调企业“内部消化”，如果当事人不愿调解，或者调解后不能达成协议，就要及时结案。总之，用人单位和劳动者可以选择是否申请调解，可以接受或拒绝调解，可以选择是否履行调解协议。经调解不能达成一致意见的，可以选择其他处理程序。

（二）调解组织

根据《劳动争议调解仲裁法》的规定，调解组织有三种，即企业劳动争议调解委员会，依法设立的基层人民调解组织，在乡镇、街道设立的具有劳动争议调解职能的组织。其中，企业劳动争议调解委员会由职工代表和企业代表组成。职工代表由工会成员担任或者由全体职工推举产生，企业代表由企业负责人指定。企业劳动争议调解委员会主任由工会成员或者双方推举的人员担任，劳动争议调解委员会是依法成立的企业内部相对独立的专门调解劳动争议的群众性组织。企业设立劳动争议调解委员会有助于直接、迅速和就近对劳动争议进行处理，有助于改善企业与职工的关系，为今后企业与职工继续保持良好的劳动关系提供条件，既可以保证企业生产经营活动的正常进行，也可以有效维护职工的合法权益。

（三）劳动争议调解程序

根据《劳动争议调解仲裁法》的规定，劳动争议调解组织的调解员应当由公道正派，能联系群众、热心调解工作，并具有一定法律知识、政策水平和文化水平的成年公民担任。具体调解程序如下。

1．申请与受理

当事人申请劳动争议调解可以书面申请，也可以口头申请。口头申请的，调解组织应当场记录申请人基本情况、申请调解的争议事项、理由和时间。

2．调查

受理案件后，劳动争议调解委员会应及时指派调解员对争议事项进行调查核实，以查明事实、分清是非。调查内容不限于当事人陈述内容，对遗漏的、欠缺的部分要求当事人补充完整。调解前，劳动争议调解委员会要对争议全面调查，查清争议的原因、双方争议的焦点问题、争议的发展经过等，并获取必要的证据和事实材料，争取做到合法、合理、公正。

3．实施调解

实施调解是解决劳动争议的关键程序，决定了调解能否成功。简单的争议，可由劳动争议调解委员会指定1名调解委员进行调解。调解会议中应先让申诉方发言，再让被诉方答辩，使双方表达自己的意图和立场。在查明事实的基础上，调解委员向双方宣传有关劳动法规，并提出协商解决方案。

4．结案

经调解达成协议的，应当制作调解协议书。调解协议书应写明双方当事人姓名（或企业名称及其法定代表人）、职务、争议事项、调解结果等，然后由双方当事人签名，加盖劳动争议调解委员会印章。调解协议书一式三份，调解协议书对双方当事人具有约束力，当事人应当履行。自劳动争议调解委员会收到调解申请之日起15日内未达成调解协议的，当事人可以依法申请仲裁。

5．调解协议的执行

经劳动争议调解委员会调解，用人单位和劳动者达成一致意见后，双方就应当遵守调解协议，自觉执行调解协议书的有关内容。达成调解协议后，一方当事人在协议约定期限内不履行调解协议的，另一方当事人可依法申请仲裁。

四、劳动争议的仲裁

（一）劳动争议仲裁的基本概念

劳动争议仲裁是指劳动争议仲裁委员会对用人单位与劳动者之间发生的争议，在查明事实、明确是非、分清责任的基础上，依法作出裁决的活动。根据我国劳动法律法规的规定，仲裁程序是处理劳动争议法定的必经程序。劳动争议当事人只有在仲裁委员会裁决后，对裁决不服时，才能向人民法院起诉，否则法院不予受理。

（二）劳动争议仲裁的基本程序

1.申请仲裁的期限

根据我国《劳动法》的规定，提出仲裁要求的一方应当自劳动争议发生之日起60日内向劳动争议仲裁委员会提出书面申请。《劳动争议调解仲裁法》规定，劳动争议申请仲裁的时效期为1年。仲裁时效期间从当事人知道或者应当知道其权利被侵害之日起计算。如果超过这一期限，就丧失请求保护其权利的申诉权，劳动争议仲裁委员会对其仲裁申请不予受理。

2.提交书面申请

劳动争议当事人向劳动争议仲裁委员会申请仲裁，应当提交书面申请。劳动争议当事人提交申诉书时应当提供双方当事人基本情况、仲裁请求和所根据的事实和理由、证据等材料。劳动争议申诉书要按照被诉人数提交副本。

3.仲裁受理

仲裁委员会收到仲裁申请书之日起5日内，认为符合受理条件的，应当受理，并通知当事人；认为不符合受理条件的，应当书面通知当事人不予受理，并说明理由。

4.作出裁决的期限

仲裁裁决一般应在收到仲裁申请的60日内作出。

5.仲裁裁决的效力

劳动争议当事人对仲裁裁决不服的，可以自收到仲裁裁决书之日起15日内向人民法院提起诉讼。若当事人对仲裁裁决无异议，或者对裁决不服但在超过法定期限后不起诉的，裁决书即发生法律效力。

五、劳动争议诉讼

（一）劳动争议诉讼的概念

劳动争议诉讼是指劳动争议当事人不服劳动争议仲裁委员会的裁决，在规定的期限内向人民法院起诉，人民法院依法受理后，依法对劳动争议案件进行审理的活动。实行劳动争议诉讼制度对提高劳动争议仲裁质量十分有利。劳动争议诉讼是解决劳动争议的最终程序。人民法院审理劳动争议案件适用《中华人民共和国民事诉讼法》（以下简称《民事诉讼法》）所规定的诉讼程序。

（二）提起劳动争议诉讼的条件

根据《劳动法》的规定，劳动争议当事人可以依法向人民法院起诉。而当事人提起劳动争议诉讼必须符合法定的条件，否则法院不予受理。依照我国相关法律的规定，起诉条件如下：①起诉人必须是劳动争议的当事人，当事人因故不能亲自起诉的，可以委托代理人代其起诉，其他人未经委托授权的，无权起诉；②必须是不服劳动争议仲裁委员会裁决而向法院起诉，不能未经仲裁程序直接向人民法院起诉；③必须有明确的被告、具体的起诉请求和事实依据；④起诉不得超过起诉时效，即自收到仲裁裁决书之日起15日内向人民法院提起诉讼，否则法院可以不予受理；⑤起诉应依法向有管辖权的法院起诉，一般应向仲裁委员会所在地的人民法院起诉。劳动争议案件的诉讼由人民法院的民事审判庭按照《民事诉讼法》规定的普通诉讼程序审理。

第四节　现代企业劳动关系管理实践

劳动关系管理实践创新是一项长期、复杂的系统工程，要不断进行改革和探索。在社会主义市场经济体制下，如何构建和谐的劳动关系，我们没有现成的经验和模式进行借鉴，只能依靠自己，充分运用管理科学理论，结合中国的国情实际，来摸索实践。

一、建立健全的劳动关系管理机制

建立健全的劳动关系管理机制具有根本性和长效性，其作用是全方位的、全过程的，加强和创新劳动关系管理，必须紧紧抓住这一关键，这要求我们增强构建和谐劳动关系的现实针对性。当前和今后一个时期，劳动就业、收入分配、社会保障等问题，仍然是广大劳动者最关心、最直接、最现实的利益问题，只有把这些突出问题解决好，才能切实增强发展和谐劳动关系的现实针对性。一是着力扩大就业规模，二是改革收入分配制度，三是健全社会保障体系。

二、建立健全维护劳动者合法权益的维权机制

构建和谐劳动关系的过程就是一个动态协调、持续化解劳动关系矛盾的过程。随着经济社会的不断发展，和谐劳动关系的标准也在不断发展变化，其追求的是一种动态平衡，而不是一劳永逸，这在客观上就要求建立健全一整套维护劳动者合法权益的维权机制，对劳动关系进行动态协调。一是健全党政主导的维权机制，二是建立健全三方协商机制，三是建立健全集体协商机制，四是建立健全劳动争议协调机制。

三、进一步完善有关法律法规

劳动关系涉及订立、履行、变更、解除、终止劳动合同以及劳动争议调解处理等多个环节，这样一种涉及面广并且处于持续动态变化之中的社会关系，如果缺乏一整套完善的法律法规作为协调依据，则很难保证其和谐稳定。制度本身带有根本性、全局性、稳定性和长期性特点，发展和谐劳动关系必须有强力的制度作为支撑。一是修改完善现有法律法规，二是逐步填补相关法律空白，三是切实保障法律落到实处。

四、提高公民的劳动关系和谐观念

从企业来看，构建和谐稳定的劳动关系，是实现劳动关系双方互利共赢，促进企业长远持续健康发展的必然要求；从全社会看，和谐劳动关系是构建和谐社会的基石，劳动关系的和谐稳定程度，直接决定着社会的和谐稳定程度。只有不断引导劳动关系双方以及全社会切实转变观念，客观理性认识发展和谐劳动关系的重要意义和现实紧迫性，才能切实增强社会各方积极主动参与和推动发展和谐劳动关系的积极性和主动性。一是大力倡导协商促和谐的理念，二是畅通劳动者诉求表达渠道，三是督促企业履行社会责任。

五、健全劳动关系道德评价机制和监测体系

企业劳动关系的道德调解评价，是指根据道德的自律特点，以是非、善恶、美丑为评价标准，以启发人的道德良心、发挥社会舆论的监督导向功能和弘扬优秀传统文化为手段，在企业内部建立一个道德评价机制，使劳动关系双方在沟通协调中形成和保持和谐的劳动关系。在运用道德手段调解劳动关系的过程中，不仅要促使每一个企业坚持正确的道德立场和道德准则，用社会道德标准积极主动

地调解好企业内部的劳动关系，更要加强对全社会的引导。在大力强化劳动监察工作的同时，通过加强劳动关系道德监测体系建设，改变那种只从经济效益角度看待企业发展好坏的单边倾向，让全社会对企业进行全方位、全过程的道德监督与评价，形成全社会共同构建和谐劳动关系的局面，促进和谐劳动关系的不断发展。

第六章　现代信息化的人力资源管理

第一节　现代信息化的人力资源管理概述

以商业智能为代表的数据分析已在运营管理、市场营销及财务金融领域取得了丰硕成果，但人力资源部门依然处于数据分析的初始阶段，其管理职能的实现主要是建立在经验和直觉的基础上。大数据技术的兴起改变了商业分析的面貌，也为人力资源部门向数据驱动转型提供了前所未有的战略机遇。在人才的重要性日益凸显、企业间人才竞争加剧的形势下，利用大数据技术重塑人力分析和人力资源管理模式，成为企业人力资源部门应对挑战、支撑企业长期竞争优势的关键。

自管理学正式作为一门科学之日起，管理者就一直不遗余力地推进对管理对象的量化，并且使决策能够更多地基于数据和模型而不是直觉。基于事实的定量分析方法是现代科学的重要标志，贯穿管理学和管理实践的发展历程，这对于在新的技术条件下进一步拓展商业智能和人力分析理论研究，开拓崭新的研究方向也具有重要意义。

一、人力分析系统的变革

（一）数据搜集

1.数据内容

过去，人力分析涉及的数据内容主要是基于人力资源信息系统中的结构化数据，主要包括年龄、籍贯、教育经历、工作经历、出勤情况、绩效和薪酬等。大数据技术极大拓展了人力分析所能够使用的数据内容，人力资源大数据可分为生理大数据、行为大数据和关系大数据三种基本类型。

生理大数据主要包括实时的生理指标和人类基因数据这两种基本类型。人的生理活动是一切外在行为的基础和支撑，不受主体意志的控制，对人力价值的实现具有重要影响。得益于可穿戴设备和便携式生理分析技术，实时连续监测人体的心跳、体温、睡眠、激素水平，以及其他理化指标，并进行数据存储和传输已经成为现实。目前，生理大数据在体育产业等高度依赖雇员身体素质的行业中已经得到广泛的应用。人类基因包含了海量的遗传信息，属于典型的大数据范畴，这些信息从遗传的角度揭示了一个人与生俱来的禀赋，对于人力分析具有重大的参考价值。

行为大数据主要包括教育、求职、工作、娱乐和消费等方面的行为数据。相较于企业以往掌握的行为数据，这些数据在精细程度上有显著提升。例如，教育行为大数据包括在线教育资源的使用、图书资料的购买和借阅、参与非正式的技术分享等，求职行为大数据包括在线浏览职位和公司信息、投递简历、与猎头的接触及参加面试等，工作行为大数据包括在办公场所的移动情况、办公软硬件设备的使用情况、使用会议室的频率、使用工作场所休闲设施的频率及在会议中的发言情况等。

关系大数据主要包括在线互动行为和线下互动行为。在线互动行为包括成员之间在电话、邮件和其他即时通信系统上的联系行为，以及员工在各种社交网络中的发布和互动行为等；线下互动行为包括项目团队内部的沟通和合作，以及如在茶水间中的交流行为及在非工作场所的互动等。关系大数据为描绘成员间的联结网络、了解其联结强度、进行社交网络分析提供了数据基础。

2.数据来源

人力资源大数据有两个主要来源，一是公司内部数据，二是外部数据合作。公司内部数据来源主要包括智能手机（包括App）、可穿戴设备、办公场所物联网和传感器设置、公司内部通信系统、数字化办公系统和ERP系统等，主要涉及公司内部跨部门的数据整合和共享。外部数据合作主要包括与网络运营商、电子商务网站、在线社交平台、即时通信软件厂商等开展数据合作，以弥补公司内部数据的不足。

在大数据条件下，人力分析的数据来源具有如下特点。

首先，尽可能从多种不同来源获得数据，以便对数据进行三角验证，提高数据质量。

其次，数据搜集手段以自动化采集为主，无须人工调查或填报，搜集的速度很快，绝大部分数据是实时数据。

最后，“尾气数据”在人力分析中占据主导地位。“尾气数据”不是有意识收集的，而是在提供服务的过程中自然产生的。对于数据的产生者来说，这些数据都不是有意识提供的，而是其行为的忠实记录，大大增加了关于人的数据的真实性、连续性和实时性；缺陷在于数据的非结构化与低相关性，以及因当事人不知情而涉及的隐私问题。

（二）数据整合

1.传统人力资源数据和人力资源大数据的整合

过去，人力分析主要依赖企业人力资源信息系统中结构化的数据，主要包括现任雇员和未被雇佣的求职者的职业履历、技能特长、正式教育经历及人口统计信息，对于现任雇员来说，还有工龄、历史薪酬和绩效、培训记录等信息。这些数据的优势是与人力资源相关性强，准确、完整，数据质量高；但局限性是数据搜集成本高，数据延迟时间长，缺乏连续性的数据，反映的内容有限。这些传统数据库中的数据恰好可以与人力资源大数据形成优势互补。因此，在现代信息化环境下，需要将这些传统的结构化数据和多种不同来源、结构化程度不同的人力资源大数据进行整合，并将数据结构化，最终得到可以进行分析的数据集。

2.人力资源数据与其他业务部门的数据整合

人力分析要真正创造价值，必须“跳出”人力资源部门。例如，通过跨部门的数据共享，将人力资源大数据与企业的业务部门数据、运营数据、财务数据等进行整合，并对其进行综合性的商业分析，在人力资源投资与企业经营成果之间、人力资源管理与企业的战略目标之间建立起清晰的联系。

（三）数据分析

1.数据分析方法

在数据分析的方法方面，呈现如下三个方面的变革。

第一，数据分析的自动化程度提高，分析方法的通用性增强。随着人工智能和机器学习在大数据分析中的应用，无须改变程序就能够分析不同类型、不同结构的数据，有些系统甚至能够自动做出反馈。

第二，数据分析的实时性要求提高，大多数情况下要求立即得出结论。

第三，人力资源管理的理论不再是人力分析的必要前提，相关分析方法逐渐占据主导地位。

2.数据分析目标

在数据分析目标上，“预测”成为人力分析的核心目标。精准的预测能力是人力分析能够支撑人力资源决策并创造商业价值的关键，例如，通过预测候选人的工作潜能和忠诚度优化招聘决策，能够提高员工的生产率并降低离职率等。

在过去的人力分析中，对于不能直接进行观察的能力和动机等因素，主要在人才测评理论的指导下，依赖人力资源经理的直觉和经验进行判断。得益于大数据技术对人才的生理活动、行为及人际关系角度的全面观察，大数据条件下，人力分析的另一项重要目标就是通过可以观察的外在表现和行为，推断不能观察的能力、动机、情绪和心理状态，以及产生绩效的原因等内在因素。

（四）数据分析结果的呈现

如果止于分析本身，人力分析是不能创造价值的。对人力分析而言，只有当由分析得到的商业洞察被决策者采用时，才有可能创造价值。这类似内部销售的过程。人力分析要达到使分析结果变得容易理解和转化为行动的目的，核心的变革在于将分析结果与决策者关心的商业问题相结合，强调分析结果呈现的时效性和针对性，通过规范分析提供切实可行的建议，并且用后续数据不断证明人力分析所创造的商业价值。

（五）人力分析组织和流程的变革

1.人力分析组织架构的变革

人力分析需要数据科学家、人力资源专家、部门经理和公司高层等参与协作。例如，某互联网公司的人力运营部门的人员构成为人力资源经理、业务咨询顾问、数据科学家各占1/3。

2.人力分析流程的变革

传统人力分析的流程从问题出发，有针对性地搜集数据并完成数据分析工作；而基于人力资源大数据的分析，既可以从问题出发，也可以从数据出发。

基于大数据技术的人力分析流程的另一项变革，是通过算法和模型的迭代进化形成数据分析的闭环。从人力资源大数据到商业洞察，再到管理决策和行动，人力分析的过程并没有告一段落，而是依据行动的反馈来检验人力分析的有效性，并且进一步改进、优化或者放弃现有的数据分析模式，使人力分析本身在应用中不断迭代进化。

二、人力资源管理工作流程和工作方式的变革

（一）人力资源管理工作流程的变革

1.人力资源规划

基于大数据技术的人力资源规划，以满足实现企业战略目标对人力资源的需求为目标，基于人力资源大数据、企业运营和财务大数据、产业和市场大数据，以及宏观经济大数据，采用机器学习等现代预测技术来预测人才的供给和需求情况。预测的内容更加广泛、精确和细致，不仅包括人才的数量，还包括人才的具体类别和所需要的素质。预测的时间范围可以拓展到5～8年，使中长期人力资源规划成为可能。

2.招聘

人力资源大数据将会改变招聘的运作方式。基于人才搜寻的角度，从过去基于公开招聘信息的被动搜寻转向基于大数据的人才定位的主动搜寻。在数字化时代，人才必定会在网络中留下“数字足迹”，这些线索为企业主动定位相关人才提供了依据。例如，人才在社交网络上发布的简历信息、与已知人才之间的互动行为等。人力资源大数据为企业提供了全新的人才搜寻渠道。例如，某大型公司从诸多网站和社交媒体平台上汇总候选人的资料，然后为每个人创建唯一的标识档案，包括数字足迹、作品以及可公开获取的联系方式和简介信息等。这对于难以填补的科学、技术、工程和数学领域里的职位空缺非常有用。

在人才的筛选和测试方面，人力资源大数据在很大程度上解决了劳动力市场的信息不对称问题，帮助企业以最少的投入甄别出最佳的人选。基于文本分析的大数据技术从简历筛选环节就开始缩小需要进入测试的候选人范围，其筛选条件基于历史简历数据和入职后绩效数据不断迭代优化，以提升简历筛选的精确度。人力资源大数据使招聘测试得以简化，只保留数据中证明其与入职后表现高度相关的部分，甚至不再需要现场面试。这是因为过去只能通过复杂的测评手段才能够获取的人才信息，在当下已经能够在人力资源大数据中找到替代品，且数据取得的成本要低得多。

3.绩效

大数据技术使企业从周期性绩效考核转向实时跟踪绩效波动，为员工提供及时的绩效反馈，并依据绩效动态调整薪酬激励。过去的绩效考核数据搜集成本高，费时费力，所以大多以半年或一年为绩效评价的周期。人力资源大数据提供了丰富的定量绩效数据，并且其中大部分是实时更新的，能够反映员工的绩效波动情况，并通过在线系统为员工提供自主性的绩效反馈。

此外，绩效评估的主观因素降低，过去难以量化的因素被大数据所囊括，评估方式更为透明。基于能够细致反映员工工作过程的人力资源大数据，新的绩效评估不仅衡量工作的结果，也解释产生结果的原因，为绩效反馈提供更具体的改进建议。

4.留任

大数据分析能够发现早期的离职倾向。不同于以往当企业员工明确表现出离职意向的时候才进行留任干预，通过分析历史上的离任行为和对应的大数据特征，就能够建立离任预测模型。通过对员工进行持续监测，可以提前3~5个月识别具有潜在离职倾向的员工，为人力资源管理者留出主动干预的时间。

5.员工问题

相较于过去企业为员工提供的周期性体检和心理评估，大数据技术能够实时监控员工的生理指标和健康状况，这为早期发现员工问题提供了数据支撑。

（二）大数据技术使人力资源管理的工作方式发生了根本转变

首先，大数据技术使人力资源从经验和直觉驱动向数据驱动转型。其次，大数据技术提升了人力分析的预测能力，使人力资源管理从被动处理问题转型为主动发现企业潜在问题和提升企业商业价值的机会，并采取行动。最后，人力资源管理的工作方式可从周期性工作转变为实时连续跟踪，做到立即处理、立即反馈。人力资源管理的敏捷性和快速反应能力得到了质的提升。

三、人力资源管理组织架构与组织文化的变革

（一）人力资源部门角色的转型

人力资源部门的角色将从成本中心和服务支持部门，转型为以人才管理为核心的战略决策部门。从人力资源管理到人才管理，意味着人力资源范式的转变，以及人力资源部门角色的转型；意味着高层管理者将人才看作最重要的资源，将获取、发展和保留最优秀的人才作为实现企业战略目标的根本保障；也意味着人力分析将着眼于企业重大战略目标的实现，着眼于应对激烈的人才竞争。

（二）组织架构的变革

企业组织架构的设计需要适应组织内部原始数据搜集和共享、业务部门与数据分析部门高效协同、数据分析结论高效转化的需要。整合组织内部各业务部门的数据，实现数据互联互通是建构人力资源大数据的前提。在组织架构设计上需保留各部门间数据共享的接口，建立有利于部门间数据共享的激励机制。建议采用矩阵组织和设立分析小组的形式，以促进数据分析人才在组织内部的灵活流动。

（三）组织文化和管理心智模式的变革

人力资源大数据促成的最大改变不是技术层面的，而是组织中的人对数据分析态度的改变。受到历史观念的影响，在过去，企业在涉及人的决策上普遍依赖经验和直觉，而不是数据；即使涉及数据，也往往是利用数据来论证一个先入为主的结论。要改变这种状况，应从组织文化的层面推行数据驱动，提高组织成员的数据素养，使更多的成员能够以直接或者间接的方式参与人力分析项目，并用客观的数据证明人力分析创造的价值，以此促进管理心智模式的转变。

四、大数据技术应用于人力资源管理的挑战

（一）个人隐私问题

将大数据技术应用于人力资源管理，最大的挑战就在于个人隐私问题。不同

于其他类型的大数据，人力资源大数据聚焦的对象是人而不是物。为了达到人力分析的目的，很多时候需要识别分析对象的身份，即使这些数据并未公开且仅仅用于人力资源管理，即使保证了分析对象的知情权，这些分析行为依然有可能给分析对象造成被窥探个人隐私的不安全感，依然有可能违背个人隐私保护方面的法律法规，给企业造成重大损失。

（二）复合型大数据人才缺乏

大数据技术的广泛应用，造成了全球范围内数据分析人才的紧缺。然而，无论是数据科学家，还是人力资源专家，都不能够独立完成大数据人力资源管理的全部工作。因为人力分析既涉及对人力资源管理职能和企业战略目标的理解，又需要从海量数据中挖掘商业洞察的分析技能。在人力分析项目中时常出现人力资源专家和数据科学家之间无法有效沟通和理解的问题。综上所述，复合型大数据人才是未来制约人力资源大数据发展的主要因素之一。

（三）权衡关系面对挑战

数据和经验直觉的权衡、相关关系和因果关系的权衡是人力资源大数据中最重要的两对关系。人力资源大数据要求管理者从依赖经验直觉转向依赖客观数据，但这绝不是否定经验直觉的重要性。数据和经验直觉之间权衡的挑战包括：如何利用经验直觉更深入地解读数据中体现的模式和相关性，从而产生更准确的分析结论；如何利用数据分析的结论填补经验直觉中的盲区和误区，拓展经验的范围；如何在经验直觉与数据分析结论冲突的时候准确判断哪一个更为接近人力资源管理的现实，并进行相应的调查和修正。

大数据技术一度宣称理论和因果关系不再重要，对企业来说相关关系就足够了，但统计学专家对大数据技术中相关关系的可靠性提出了质疑。从人力分析的角度看，在预测分析能够创造巨大商业价值的领域，苛求相关关系的可靠性是没有必要的，因为预测创造的价值能够包容预测误差所造成的损失。然而，当分析时效性要求不高，且有充足的时间和条件通过实验设计检验因果关系的时候，理论解释和因果关系依然是有必要的，这可以确保企业在人力资源策略大规模实施时所要求的可靠性和稳定性。

五、现代信息化的人力资源管理未来的研究方向

（一）围绕个人隐私问题的研究

个人隐私问题作为制约人力资源大数据发展的最大因素和潜在风险，需要在将来从多个不同的层面展开深入研究，这是人力资源大数据管理能够实施的前提。

首先，从技术的角度，此研究能够帮助人力分析部门最大限度地挖掘人力资

源大数据的商业价值，同时减少对个人隐私的窥探风险，定制化的大数据分析系统是解决这一问题的根本出路。例如，通过数据脱敏减少数据中对个人敏感身份信息的暴露，开发自动化的数据处理技术，使人力分析从原始数据到结果反馈的过程在“黑箱”中运行，以减少个人隐私泄露的风险。

其次，开展人力资源大数据相关的法律法规和行业规范的研究，明晰其应用的边界和运行的规范性。个人隐私保护的制度设计既要为人力资源大数据的进一步发展留有余地，又要明确个人隐私保护的底线，这是将来人力资源大数据研究的一个重要方向。

最后，开展人力资源大数据的产权研究。例如，个人在社交网站或求职平台上产生的数字足迹的产权是属于个人，还是相关平台；平台需要以怎样的方式取得数据授权；平台是否有权或以哪些形式利用这些数据开展商业分析，或者将这些数据出售、转让给其他组织；个人是否对自己产生的其他数据具有完全的产权；在数据产权受到侵犯的时候如何实现权利救济等。

（二）建立适用于人力资源大数据的人力资源管理理论

过去的人力资源理论已经不能完全解释人力资源大数据在人力资源管理中的作用，很多全新的人力资源管理实践本质上还停留在理论运行阶段。例如，某互联网公司通过大数据分析发现，基于过去的人才测评理论设计的面试问题与员工入职后的绩效相关性很低，真正能够预测员工入职表现的是一些以往理论认为无关紧要的问题，但这种不能被理论解释的相关性能够很好地提升招聘绩效。因此，开展适应于人力资源大数据的新的理论建构研究非常有必要。人力资源大数据带来的人力资源管理实践的变革、创新，以及全新的数据搜集手段，也为人力资源理论的拓展创造了得天独厚的条件。

（三）探索模块化、可定制的大数据人力资源管理解决方案

项目建设成本高昂、相关人才缺乏是当前人力资源大数据发展缓慢的重要原因。为解决这一问题，学术界需要从大数据人力资源管理的共同基础和适应特定行业的特殊需求出发，将模块化与可定制相结合为目标，努力开发出类似ERP系统的成熟的大数据人力资源管理解决方案。

第二节　现代信息化的人力资源管理转型发展

在现代信息化的环境下，大数据对企业的经营带来极大的便利和影响，如何利用大数据的优势，做好企业的经营成为其亟须解决的问题。尤其是对于企业的人力资源部门来说，大数据技术可以帮助其分析人才、招聘人才、培训人才，还

可以整合人力资源供企业参考，可以有效地提高企业人力资源管理的质量和效率。基于此，本节提出现代信息化人力资源管理的转型思路，为企业人力资源管理工作提供参考。

一、现代信息化的人力资源管理

在现代信息化的环境下企业的人力资源管理面临着机遇和挑战，人力资源管理亟须转型，并提高人力资源的从业标准。

（一）大数据的内容

在现代信息化的环境下，大数据主要利用互联网技术对数据进行大量的处理、分析及存储。对于企业而言，大数据可以帮助企业开展人力资源管理工作，如员工招聘、员工培训、员工能力测评，以及年度绩效等。

（二）大数据对人力资源管理的影响

大数据的发展促使企业人力资源管理实现转型。在企业的人力资源管理中，应用大数据技术不仅可以帮助企业做好人才的招聘、培训等工作，还可以帮助企业进行绩效考核等，从而有效提高人力资源管理的效率和质量。并且，大数据让人力资源管理工作有了数据支持，可以通过分析数据的方式对人力资源进行有针对性的管理，从而促使人力资源管理实现转型，将原来的根据需求和经验进行人力资源管理转型为根据大数据进行人力资源管理。

（三）提高了人力资源从业者的素质

在现代信息化的环境下，人力资源管理的从业人员面临着挑战，即其从业素质需要进一步提高。传统的人力资源管理工作需要人力资源管理从业人员懂人力资源、懂管理、懂法律等；而现代信息化，需要人力资源管理从业人员在掌握这些知识的基础上，还要掌握计算机、互联网相关知识，学会利用计算机技术、互联网技术来进行人力资源的整合、数据分析等，为企业招聘、培训优秀的人才。由此可以看出，现代信息化，企业人力资源管理对从业者的素质要求更高了。

（四）提高了工作效率

传统的人力资源管理方式，需要通过人力资源管理从业人员来进行管理，耗时耗力，而且效果不一定好。而现代信息化，人力资源管理从业人员利用高科技技术来对数据进行收集、分析及总结，不但提高了工作效率，而且保证了人力资源管理的效果，如可以深入了解应聘者的信息，让企业掌握其基本情况，从而为企业找到更好的、与岗位相匹配的人才。

（五）大数据在人力资源管理中的应用

在人才招聘方面，传统的人才招聘采用的是登记招聘信息的形式，等待应聘者申请，人力资源管理者凭借工作经验从应聘简历中挑选人员进行面试，面试内容相对简单，例如做自我介绍等，人力资源管理者据此进行评估，这种方式的主观性较大；而在现代信息化的环境下，企业在网上登记招聘信息，系统会自动推荐符合条件的应聘者，既节约了招聘成本，又提高了招聘效率。在人才评测、管理方面，传统的测评方法有综合考评、专家评估等，都是通过人完成的，主观性较强；而现代信息化，企业通过网络培训的方式对员工展开多方面的测评，测评结果较客观，数据也较可靠。

目前，很多企业在应用大数据时，只了解到大数据技术本身，很少有人了解其本质，因而没有完全将其价值发挥出来，只是通过技术获得相关知识，再进行分析、整合等。因此，企业应深入了解大数据的本质，了解其是通过挖掘数据来对特定事件进行分析、整理及总结等，从而可以帮助企业快速地对某件事情作出决策。

二、现代信息化的人力资源管理转型对策

大数据给企业人力资源管理带来了挑战，促使其转型以满足企业的发展。一般可从以下几个方面来促进人力资源管理的转型。

（一）培养数据技术型人才

现代信息化，企业的人力资源管理必须进行转型，所以需要培养数据技术型人才。

第一，要招聘数据技术型人才，招聘的人才既要懂得数据技术，又要懂得人力资源管理，为企业的人力资源管理工作打好基础。第二，加强对现有工作人员的培训，培训其数据技术、人力资源知识，利用大数据的超强数据处理能力做好企业的人力资源管理工作。

（二）加强对员工的培训

企业培养数据技术型人才，需要加强对现有工作人员的培训，此外，在人力资源管理转型中，还需要加强对员工的培训。第一，企业要定期组织员工进行培训，让其掌握足够的人力资源管理知识、足够的数据分析能力和处理能力等，挖掘出更加有价值的数据。第二，在培训中，需要对大数据的发展情况、发展趋势进行培训，以此完善企业的人力资源管理工作，促进企业的可持续发展。

（三）完善人才招聘

在现代信息化的环境下，人才招聘形式变得更加智能化、多样化，不再单靠管理者的直觉或者管理者与应聘人员面对面交流确定人选，而是通过大数据对应聘者进行筛选和分析，既让招聘信息变得更加透明，又利用大数据技术深入挖掘应聘者的信息，从而帮助企业做好人才储备工作。也就是说，企业可以建立基础数据库，利用大数据做好人才分析、资源分析，从而帮助企业减少人才损失，并且要学会数据统计、预测，学会利用数据作出人才决策。

第三节 现代信息化人力资源管理者的角色转变

大数据正迅速改变着人们的生产、生活及思维方式，企业的人力资源管理也要基于数据的处理和应用而更加科学化和精细化。人力资源管理者必须积极应对，尽快实现角色转变，成为数据的应用者、企业的战略合作者和人才队伍的建设者。

人力资源管理者的日常工作要和各种数据打交道，如应聘者信息、员工档案、考核数据等，但往往对这些数据缺乏科学的分析和预测，当数据演变为大数据时，如何快速对人力资源大数据进行采集、整理、分析和应用，是目前人力资源管理者面临的最大问题。

一、要成为数据的应用者

（一）培养大数据思维

大数据思维强调一切都可量化，强调数据是一种生产要素。人力资源管理者要增强数据意识，充分理解数据的价值，相信数据、依靠数据，灵活运用大数据，用数据分析现状、发现问题，用数据管理，用数据决策，用数据驱动人力资源管理创新。培养大数据思维还要注意两点：其一，大数据分析的是整个数据库的全部数据，不再是传统的随机抽样，因此要从过去的样本思维转变为总体思维；其二，大数据思维不再执着于追求数据的绝对精确，而更加重视事物之间的相关性。

（二）提升大数据处理能力

1.搭建企业数据平台

由于大数据的海量性、实时性、多样性等特点，传统的数据处理和分析工具无法应用，企业需要与专门从事大数据分析的企业合作，在合理的资金投入范围内开发、搭建起企业大数据分析服务平台，运用大数据管理工具对生产经营中产生的实时数据进行记录、整理、分析。

2.提高数据搜索能力

互联网中大量的结构化数据和非结构化数据都蕴含着宝贵的信息，面对这个庞大的数据库，人力资源管理者要加强搜索能力和数据使用能力。企业要充分利用互联网上的数据，或者采购企业外部数据，为企业决策提供依据。

3.培养大数据人才

一方面，从个体角度考虑，人力资源管理者要顺应时代潮流主动学习，提升自己大数据开采与分析处理的技能；另一方面，从企业角度考虑，企业需要设置专人负责人力资源数据的管理与分析。未来的企业都将是“数据驱动”的企业，通过数据经营管理，因此培养人力资源管理者的大数据思维和提升人力资源管理者的大数据应用能力势在必行。

二、要成为企业战略的合作者

过去，人力资源部门的主要角色定位通常是职能性和事务性的，业务部门感知不到其价值，因而地位不高。而人力资源管理发展的更高阶段——战略性人力资源管理，要求人力资源管理紧密追随企业战略，有力支撑企业战略目标的实现，所以人力资源管理需要与各业务模块有效衔接。为此，戴维·尤里奇提出了人力资源三支柱模型，以业务为导向将人力资源管理部门的组织架构再设计，划分为人力资源专家中心、人力资源业务伙伴、人力资源共享服务中心三大系统。其中，人力资源业务伙伴是指派驻到各业务部门的人力资源管理者，主要针对业务需求，帮助业务部门进行员工发展、人才发掘、人力规划等相关工作，为业务部门提供个性化的人力资源解决方案。人力资源业务伙伴不只是一种职位名称，更是一种全新的人力资源管理模式。在这种模式下，人力资源管理者了解业务，人力资源管理和业务管理紧密结合，制定战略时，人力资源管理者也不再无足轻重，而是真正变成了企业战略合作者。

人力资源业务伙伴的建设是人力资源发展的方向。曾经，这种转变比较困难，但互联网和大数据改变了人们的工作方式，大数据技术把一切量化，使模糊变得清晰，把推测变为用数据统计预测，评估挑选最优方案，将决策风格从直觉型变为理性分析型，管理也越来越精准。大数据提供的数据支持，为人力资源管理转型升级提供了基本保障。

在大数据和互联网背景下，单纯从事人力资源管理工作的人力资源管理者将越来越不适应社会和企业的发展。人力资源管理者要有前瞻性，主动向人力资源业务伙伴转型。人力资源业务伙伴不仅要精通人力资源管理的技术和工具，要懂生产管理、财务管理、供应链管理等，要有较高的沟通能力和团队建设能力，要具备高水平的规划能力和决策能力，还要熟悉部门业务，能用业务语言描述人力资源管理问题。为此，人力资源管理者要主动学习新知识，主动融入业务部门，站在业务部门的角度审视人力资源工作。

三、要成为企业人才队伍的建设者

互联网和大数据时代，外部环境的巨大压力推动企业组织加速变革。近年来，虚拟组织、无边界组织、创客组织等新的组织结构形式层出不穷，组织结构由以前的金字塔式、层级化、集中化变得越来越扁平化、网络化、分散化。扁平化、分散化的组织要求员工能承担更多的责任，有更强的自我管理能力和团队精神。而大数据时代的企业也比以往更需要凭借人才获取竞争优势。人力资源管理者要积极应对组织结构变化的挑战，为企业发展提供有效的人才解决方案。

人力资源管理者要根据企业未来几年的战略目标调整组织结构，设计岗位、明确岗位职责，采用先进的工具进行人才评价，帮助企业制定统一的人才标准，据此标准识别与选拔人才，进行各岗位的人才配置与人才储备，形成人才队伍梯队。同时，要推行绩效导向企业文化，营造一种良性竞争的氛围，要鼓励员工加强学习，努力建设学习型组织，使组织具有持续学习的能力，使员工的素质不断提高。

企业的人才是需要测评的，人才测评是人力资源管理过程的核心。近年来，传统的纸笔测试方式已逐渐被更便捷、成本更低的线上测评取代，线上测评与其他一些如结构化访谈、情景模拟等需要以专家介入的方式相配合，实现人才的全面测评。基于互联网的人才测评使测评工具的信度、效度得到大幅提升，大数据的海量、多维性及数据深度挖掘与分析技术，也使测评数据的分析结果越来越准确和公正。目前，我国企业的人才测评已进入全面应用时代，能对人才素质、工作行为、工作绩效进行全面的评价。人才测评技术的飞速发展，为人力资源管理者进行能力管理和人才队伍建设提供了可操作的手段。

在信息化时代，企业中各项工作越来越数据化，人力资源管理者也要通过运用大数据技术，完善各大职能模块，使人力资源管理的理念和技术更加科学化。人力资源管理者应抓住机会，顺势而为，尽快实现角色的转变。

第四节　现代信息化的国有企业人力资源管理

我国的国有企业正处于转型时期，其对人力资源的管理也有更高的要求。大数据的快速发展，为国有企业人力资源管理变革提供了新思路，但也面临很多挑战，例如，需要企业高层的支持，对国有企业人力资源管理技术提出了更高要求，如保护员工信息安全等。将大数据技术与国有企业人力资源管理具体实践相结合，为企业战略发展提供有力的支持，这将是国有企业人力资源管理面临的一项新任务。

现代企业管理，包括现代人力资源管理，已经开始运用大数据思维，利用数据获取有效的信息并作出更加科学的决策。国有企业由于自身原因正经历着漫长且缓慢的变革，很多国有企业还处于由传统的人事管理向现代人力资源管理的转型期，而大数据时代的到来，对国有企业人力资源管理具有诸多益处，也将带来更大的挑战。

一、大数据为国有企业人力资源管理变革提供新的思路

国有企业管理者作决策时，往往是用自身经验来进行判断的，缺乏有力的数据支持。这不仅无法判断决策的准确性，而且使很多管理岗位变得无法替代，对企业的可持续发展产生不利影响。而大数据给国有企业人力资源管理突破困境提供了新的思路。

（一）人才招聘

企业之间的竞争，说到底是人才的竞争。传统的国有企业人力资源招聘具有滞后性，当岗位出现缺口时，才决定开始招聘，这样不能保证时刻满足企业对人员的需求，尤其是对专业技术人才的需求。人才流失往往给企业带来巨大的损失，如何及时补充人员、降低人员流动，是国有企业人力资源管理的一项重要课题。大数据则为人才招聘提供了有力的数据支持。国有企业可以通过大数据分析近年来各个岗位人员的流动情况，预测未来的人员需求，分析人员流动的原因，结合人力资源市场供给情况，为企业制定科学的人力资源规划。国有企业可以通过大数据准确掌握本行业人力资源市场的供需状况，也可以了解本企业人才流失，尤其是高级技能人才离职的原因，这样既可以及时为企业补充人才，又可以通过宣传企业文化、提高员工待遇等手段留住人才，降低企业人力资源成本。

（二）绩效管理

绩效管理是指各级管理者和员工为了达到组织目标共同参与的绩效计划制订、绩效辅导沟通、绩效考核评价、绩效结果应用、绩效目标提升的持续循环过程，绩效管理的目的是持续提升个人、部门和组织的绩效。部分国有企业的绩效管理流于形式，绩效考核计划不科学、不合理，绩效考核容易掺杂人情关系，使绩效管理不能有效促进企业和个人绩效的提升。利用大数据，企业可以通过不断搜集岗位员工的行为、日常工作内容，监测各岗位员工的工作效率。大数据管理的优点是用数据说话，有了大数据的测评结果，绩效考核结果更加客观，可以避免出现新员工埋头做事无法受到肯定，老员工凭借资历滥竽充数却受到提拔的不合理现象。

（三）培训与开发

现代激烈的市场竞争对国有企业人力资源管理提出了更高要求。而国有企业承担的社会责任中还包括了职工子女就业、退伍军人安置等，致使国有企业招聘到的人员与需求无法完全匹配。因此，国有企业需要强化对员工的培训与开发，不断提升员工的知识和技能水平。大数据可以实时提供企业对人员的需求，尤其是对专业技术人才的需求，企业可以针对人才需求提供相应的专业技术培训。大数据也可以对培训结果进行长期的反馈，比较各种形式的培训投入与产出、不同学历员工的培训结果等，减少企业的培训成本，改善企业的培训效果。

（四）职业生涯规划

大数据技术可以为员工的职业生涯规划提供数据支持。国有企业人力资源管理往往忽视了员工的职业生涯规划，致使许多年轻员工付出努力却看不到晋升的希望。根据斯塔西·亚当斯的公平理论，这些员工可能要求增加自己的收入或减小自己今后的努力程度来达到心理平衡，在增加收入的要求无法被满足时，有能力的员工往往会选择离职。而这也是国有企业中优秀人才容易流失，部分员工对工作越来越懈怠、工作效率低下的原因。利用大数据技术可以收集员工的基本信息及每天的工作内容，测评员工对于部门和岗位的贡献程度、员工的个人潜力等，为员工制订合理的职业生涯规划和晋升计划，如此不仅可以为企业留住人才，还可以激励员工提高工作效率，提高员工的工作满意度。

二、大数据在国有企业人力资源管理中的应用条件

大数据为国有企业人力资源管理提供了新的思路，但也可能给国有企业人力资源管理带来一些问题，企业要科学预判，提前解决这些问题，保障大数据在国有企业人力资源管理中的有效应用。

（一）高层的支持

任何一个企业，若要引进新的技术和管理理念，必须先有企业高层的支持和推动。国有企业中具有复杂的人际关系，大数据管理是人力资源管理的一场变革，会影响企业中一部分员工的利益，在应用过程中必然会受到阻碍。只有企业高层坚定地支持和推动，才能促使企业人力资源管理变革的顺利进行。要让企业高层理解大数据的理念，得到企业高层的支持后，在运用过程中，人力资源管理者要及时向企业高层反馈结果，让高层了解到企业人力资源管理中存在的问题及解决方案，最终实现大数据与企业战略相结合，为企业发展提供有效的建议和支持。

（二）技术的支持

大数据的运用需要相应的技术支持，要求企业人力资源管理者准确掌握大数据技术，这可能会使国有企业的人力资源管理部门的人员结构发生一些变化。企业应在传统的人力资源管理岗位上，增加一些既了解人力资源管理知识，又掌握大数据技术的人才，这类人才需要掌握和灵活运用数据分析技能，这势必对国有企业的人力资源管理提出更高的要求。国有企业需要根据自身的实际情况，招聘新的具有大数据技能的人才或者对现有员工进行专门的大数据技能培训，保证大数据技术在国有企业人力资源管理中的有效运用。

（三）信息的可信度和员工的隐私

大数据要作为企业管理决策的依据，就要保证所获取的信息是准确的。如果对获取的数据不加以甄别，认为数据本身就能够代表事实，那么很可能会被数据的表面现象所欺骗。如何在海量的数据中获取对国有企业人力资源管理有价值的信息，如何确保员工提供的信息是真实的，这就需要人力资源管理者做好预案，并且在实践过程中对预案不断进行调整。

信息安全也是国有企业人力资源管理者必须考虑的问题。大数据技术的应用需要获取员工的基本信息及工作中的实时数据，就必然面临大数据的权属与员工隐私的问题。国有企业不仅要科学、合法地获取员工的有效信息，还要保护员工的隐私，这就需要国有企业拥有较强的信息处理能力，还要有一定的信息保护技术。

大数据技术在国有企业的人力资源管理实践中具有很高的价值和潜力，但在运用过程中也面临巨大的挑战，如何有效地在国有企业的人力资源管理中引进大数据技术，使国有企业的人力资源管理为企业战略提供有力的支持，还需要进一步实践和研究。国有企业具有自身的局限性，这些局限需要新的管理技术和新的管理理念来打破。只有不断尝试改革与创新，国有企业才能在激烈的市场竞争中找到较好的出路。

第七章　现代企业人力资源发展趋势

第一节　现代人力资源管理面临的挑战

在21世纪，无论是企业内部的直线经理、高层管理人员，还是企业外部的客户，都对人力资源管理提出了新的要求，人力资源管理面临着越来越大的挑战。

一、新技术的挑战

新技术的挑战主要指计算机技术与网络技术的进步给人力资源管理所带来的挑战。新技术使组织能够获得信息激增带来的优势，但同时也使工作岗位发生了变化，要求掌握综合性技巧的工作岗位增加了。员工从纯技能型的“体力劳动者”转换成了多技能型的“知识工人”，其责任范围已扩展到进行更富有策划性的活动，如计划、决策和解决问题。在很多情形下，员工需要得到新的培训，扮演新的角色，承担新的责任。同时，要求企业人力资源部建立人力资源信息系统（human resources information system，HRIS）。HRIS不仅能提供现时和准确的数据，更重要的是可以达到控制沟通和决策的目的，其应用范围已扩大到诸如编制报告、预测人力资源需求、评估人力资源政策及实践等领域。

二、变化管理的挑战

为了适应环境，组织的管理要发生一系列的变化。可是，有些变化是反应性的，即组织的绩效受到外部因素的影响而产生的结果；有些变化则必须主动迎接，由管理者主动做出改变。比如，杰克·韦尔奇（Jack Welch）认为通用电气公司的业绩已经相当了不起了，但仍需要变化，他的目标是在公司内部各部门之间建立更好的合作，以形成“无边界状态”（Unbounded State）。然而，如何管理变化呢？

答案是运用人力资源来管理变化。成功的变化不是天上掉下来的。变化失败的主要原因从根本上可以归结为人力资源问题。变化失败的主要原因如下：①领导者缺乏紧迫感；②领导者没有建立强有力的联盟；③领导者缺乏先见之明；④领导者缺乏沟通的眼光；⑤领导者没有消除变化的心理障碍；⑥公司没有系统化的计划；⑦公司文化没有追随变化。所以，为了管理变化，所有管理者，尤其是人力资源经理，都要与员工进行沟通，倾听员工的呼声，放眼未来，引导员工改变自己以适应变化。

三、开发人力资源的挑战

人力资源管理的核心是把人当成一种活的资源加以开发与利用。因此，组织的成功越来越取决于该组织管理人力资本的能力。人力资本，对一个组织来说是具有经济价值的个人的知识、技巧和能力的总和。尽管并没有在公司的资产负债表上反映出来，但对一个组织的绩效而言，人力资本是十分重要的因素。惠普公司的总裁L.普莱特（L.Platt）认为："21世纪的成功企业，将是那些尽力去开发、储藏并平衡员工知识的组织。"由于人力资本是无形的、无从捉摸的，为员工个人所有，而不是组织所有，所以如何管理、开发人力资本对人力资源管理者来说是极大的挑战。

（一）必须重视发展战略

在建立人力资本时，管理者必须重视发展战略，以确保员工拥有知识、技能和经验的优势。比如，人员配置必须是优化组合。员工在工作岗位上有发展的机会，因为高价值智能的形成是从经验中学到的而不是轻易教出来的。

（二）设法利用现有的知识

知识管理的价值来自应用，而不是储藏。但在实际中，员工通常学非所用。因此，越来越多的组织根据员工的知识和技巧支付薪酬。如何使知识共享，产生更多的价值，成为人力资源经理重要的任务。

四、成本抑制的挑战

全面质量管理与业务流程再造对于提高组织竞争非常重要，其关键的问题仍然是人力资源的激励与沟通问题。然而，对于现代组织来说，特别是对服务和知识密集型公司来说，组织试着降低成本，尤其是劳动成本，包括裁员、外包、员工租赁以及提高生产率，这些都直接影响着人力资源政策和实践。

五、全球化的挑战

世界经济一体化的趋势，使越来越多的企业跨国经营。比如，摩托罗拉公司、通用电气公司和日产汽车公司，都提出了为顾客提供“任何东西、任何时候、任何地方”的愿景。如何挑选、鉴别去海外生活和工作的经理？如何加深经理对外国文化和工作实践的了解？如何调整薪酬计划以保证支付构成是公平的，而且与不同地区的不同生活费用相适应？这些都是全球化给人力资源管理所带来的问题与挑战。

第二节　现代企业人力资源管理地位的提升

随着经济全球化的发展，企业间的竞争变得越来越激烈，外部环境条件和技术的变化更是日新月异。为了在竞争中求得生存和发展，人力资源已经成为一个决定企业竞争成败的关键因素，人力资源管理在企业管理中被置于核心地位。

一、人力资源管理成为管理的主体和动力

有效的管理总是把人看作管理的主体和动力，这主要是因为人们对人的价值的重新定位和认识。著名的霍桑实验带来了整个管理学对人的关注，也促成了人力资源管理的深入发展。彼得·德鲁克提出了人力资源的概念，认为人力资源和其他资源相比较，唯一的区别就是人，人力资源拥有其他资源没有的素质，即协调能力、融合能力、判断力和想象力，是管理者必须考虑的具有特殊资产的资源。管理者可以利用其他资源，但人力资源只能自我利用，个体对自己是否努力工作拥有绝对的、完全的自主权。

管理学家玛丽·福莱特认为，管理是一种通过人去做好各项工作的技术。人的管理实质并非管人，而在于得人，谋求人与事的最佳配合。德鲁克指出：“传统的人事管理正在成为过去，一场新的以人力资源开发为主调的人事革命正在到来。”现代人力资源管理理论首先认为员工是实现组织目标的第一资源，从资源的角度认识企业中的人事管理；其次主张人力资源管理不仅是人力资源部门的职责，也是生产、营销等部门的重要职责，同样需要参与组织战略决策的制定和实施；最后强调要把人力资源管理的目标与组织的竞争力、利润、生存能力、竞争优势和劳动力的灵活性等联系起来，不仅注重开发人力资源的产品和服务，而且更加注重人力资源对组织和管理人员的影响。

二、人力资源管理成为组织管理的核心

技术、资本规模、产品等虽然也能为企业创造价值，但这种竞争优势容易被竞争对手模仿，而人力资源作为蕴含在企业竞争优势中的一种难以模仿和交易的、特定的资源和能力，有利于保持企业竞争优势。在未来的竞争中，企业能够通过对人力资源的管理和开发获得比其传统物质资源更高的收益率和更高的劳动生产率，也能够通过保持自身的核心能力获取持续的竞争优势。

现代管理理论认为，管理的基本目的之一就是采用特定方法，充分发挥人的积极性、主动性和创造性。人力资源管理就是以企业人力资源为中心，研究如何实现企业资源的合理配置。它冲破了传统的劳动人事管理的约束，不再把人看作一种技术要素，而是把人看作具有内在潜力的因素，看作企业生存与发展、始终充满生机和活力的特殊资源；不再把人置于严格的监督和控制之下，而是为他们创造各种有利条件，使其主观能动性和自身劳动潜能得到充分发挥。人力资源管理通过把具有不同优势和特点的人整合在一起，实现资源互补，使人力资源形成具有组织优势的团队，成为企业正常运行的基础和发展的有生力量。

从人力资源管理的发展历程来看，企业的人力资源管理部门所扮演的角色已经不再是简单的行政辅助角色，也不再是企业人力资源战略的一个简单的执行者，它同时还是企业战略决策的参与者，甚至是主导者。人力资源管理部门越来越多地参与企业战略的制定，传播人力管理技术，推动员工群体的沟通，成为首席执行官的战略伙伴。人力资源经理人已经从过去的行政、总务等角色转变为学习型企业建设的推动者、高层管理者的咨询顾问、战略业务的合作伙伴、管理职能的专家和组织变革的倡导者。另外，在企业战略执行的过程中，通过各种人力资源管理政策和制度的制定以及对人力资源管理实践的调整，可以帮助组织获得并保持竞争优势。

第三节　现代企业人力资源管理内容的变化

一、由战术性向战略性转变

面对越来越激烈的市场竞争，人力资源管理的角色从先前的传统人事管理转变为战略人力资源管理。

战略人力资源管理，是企业为实现其目标而进行的一系列有计划的人力资源配置和管理活动。战略人力资源管理是组织战略不可或缺的有机组成部分，包括组织通过激励员工实现组织目标的各个方面。因为人力资源是企业获取竞争优势

的最主要资源之一，所以企业可以通过人力资源规划、政策及管理实践实现其具有竞争优势的人力资源配置，企业还可以通过人力资源管理活动达到组织战略的灵活性，使人力资源与组织战略相匹配，从而实现组织目标。

人力资源部门成为组织战略的核心组成部分，参与引导组织战略的发展方向。一方面，人力资源管理体系能够在有序的运行中灵活创新地进行调整，随时为组织的发展提供适合的人力资源供给方案；另一方面，人力资源部门立足于组织战略的前沿，不断地更新人力资源管理理念、技术与流程和人才数据库，从而为组织战略的实现提供源源不断的人力资源。

战略人力资源管理的目的是提高企业的效率和适应度，其核心在于企业如何通过更加有效的人力资源管理提高其竞争优势。由于人力资源已成为获取竞争优势的主要资源，组织战略也需要人来执行，最高管理层在开发战略时必须认真解决四个问题：第一，如何帮助企业减少成本或增加收入；第二，如何识别和利用员工的稀有技能和个性；第三，如何建立其他企业无法模仿的员工团队；第四，如何使企业形成人力资源优势。战略人力资源管理正是企业战略在这些方面的整合部分。

二、能本管理：人力资源管理新理念

21世纪是一个以知识、智力和创新能力为基础的知识经济时代，因此人力资源管理的根本目的是培养和造就能够把知识、技能有效转化为生产力和效益的能人。能本管理成为现代企业人力资源管理的新理念。

（一）能本管理的内涵

能本管理就是以人的知识、智力、技能和实践创新能力为核心，通过采取各种有效的方式，最大限度地发挥人的能力，将人的能力价值最大化，促进企业与个人共同发展的系统活动。

具体来说，能本管理主要包括以下几层含义：①把个人具有的企业发展所需要的能力作为首要管理对象，而不是笼统地把抽象的人作为管理对象，使管理对象更加具体；②把以能力为本位作为管理理念，即把人的能力作为管理的根本出发点，把人的能力看作管理中起决定性作用的因素；③把提高人的能力作为管理的首要目标，把提高和发挥人的能力作为管理的第一追求，把人的能力的提高和发挥程度作为评价管理绩效的首要标准；④把提高和发挥能力作为主要激励手段，改变传统管理的激励方式。

能本管理源于人本管理，又高于人本管理。“以人为本”是现代管理的一个基本原则和理念，它强调的是人在组织中的主体地位和主导作用，进而强调要围绕人的积极性、主动性和创造性实行管理活动。以人的能力为本是更高层次和意义上的以人为本，能本管理也是更高阶段、更高层次和更高意义上的人本管理，是人本管理的新发展。

（二）能本管理的内容

能本管理是在深刻认识人在经济活动中的作用的基础上，突出人在管理中的地位，实现以人的能力为中心，以挖掘和激发人的创造力为管理重点，以“发现能力、使用能力、开发能力”为管理对象和管理核心。具体来说，能本管理的主要内容表现在以下几个方面。

第一，能本管理对文化价值观的要求。企业的管理活动和个体的人生追求都应该围绕如何充分、正确发挥人的能力而进行。企业在对员工的行为表现进行评定和奖惩时，应该看其能力的发挥情况和为组织做出的贡献大小，形成“能者光荣、能者有为、能者有位、能者有酬”的文化氛围。

第二，能本管理对企业和员工的要求。能本管理要求企业为每个员工充分施展个人才能提供相对平等的机会和条件，引导员工与企业形成责、权、利统一的命运共同体；要求员工充分发挥创造力，自觉地把个人的发展目标与组织的需要结合起来，以实现个人的社会价值，从而促进个人和组织的共同发展。

第三，能本管理对企业的形态、特征和目标的要求。从企业结构、形态和制度设计到企业成员的理念、价值观、态度、心理、思维和行为，都应该紧紧围绕能本管理展开，积极构建能力型惬意及其运行机制，使企业的制度、体制、管理、运行机制、战略目标和政策等方面都有利于充分发挥每个员工的能力。

（三）能本管理的两大要素

能力水平和投入程度构成了能本管理的两大要素。著名人力资源管理专家、美国密歇根大学教授戴夫·乌里尔克认为，人力资源效能＝能力水平×投入程度，这一观点深刻地揭示了能本管理的两大要素。

所谓能力水平，是指员工是否具备实现企业战略所需要的能力。研究表明，把学历、资历和经验作为衡量员工能力的唯一标准，往往失之偏颇。美国心理学家戴维·麦克莱兰通过研究发现，采用能力水平指标测定一个人在工作上是否成功，比用其他指标更为准确、有效，它往往能把优秀员工与一般员工身上的潜质区分开。笼统地采用知识、经验等指标来判断其能力，可能导致能力考核的失真。

所谓投入程度，是指员工在工作中发挥其能力，为实现企业目标而努力的程度。投入程度是衡量员工是否充分发挥了潜能、是否不遗余力地为实现去特目标而努力的重要指标之一。员工的投入程度又受到两个方面因素的影响：企业对员工的要求（包括来自企业自身或员工所在部门、上级、同事等方面的要求）和企业对员工的支持（包括员工完成任务所必需的各种资源或支持），要充分激发员工的工作积极性，就需要使下达的工作任务与提供的资源或支持保持均衡。

（四）能本管理的机制

关于能本管理的机制，目前学术界还没有形成统一的认识，有人从能本管理的内在机制出发，认为主要有以下三个方面的机制。

第一，能力发现机制。根据企业发展的行业性、阶段性和差异性的需要，管理者可以确定一个企业认可的能力范围，即构建一个企业的通用能力素质模型。在此基础上，根据不同类型的企业，或同一类型企业在发展的不同阶段，抑或同一企业的不同部门的不同岗位，结合企业使命和不同岗位特点，确定一个企业对特定岗位认可的能力范围，即构建针对特定岗位的能力素质模型。对照企业的通用能力素质模型和特定岗位能力素质模型，采用一定的测评方式，可以科学地测定每个企业成员的能力总量和结构状况，这一般包括建立结构合理的能力评价企业，制定标准客观的测评体系，确定定位准确的岗位划分和岗位能级要求，构建过程公正的测评制度等几个基本环节。

第二，能力使用机制。在能力素质模型构建和对企业成员的个人能力进行科学测定的基础上，将具有不同能力的企业成员通过一定的方式或渠道（如竞聘上岗、有序轮岗等）配置到相应的岗位上，实现企业成员能力与岗位需求的优化组合，达到能力与职位相匹配、能力与岗位相匹配、能力与责任相匹配。在实现能力与岗位合理配置的基础上，对企业成员的个人能力发挥状况进行考核，鼓励企业成员把个人所拥有的能力充分地发挥出来，并根据考核结果给予相应的待遇。

第三，能力开发机制。所谓能力开发，是指根据企业发展战略的需要，采取各种有效的措施帮助企业成员将潜在的能力转化为现实岗位工作需要的能力，或促进企业成员不断提高已有能力的系统活动。企业在实施能力开发时，可以将其作为企业员工福利待遇的重要组成部分和促进企业员工努力工作的激励手段，对企业员工进行有计划、有重点的能力开发。另外，还要定期对企业员工自我能力开发状况进行考核，促进企业员工进行自我能力开发，在能力开发上实现企业与自我相结合。

（五）能本管理的具体要求

能本管理的具体要求体现在能源管理、能力管理、能级管理和能量管理四个方面。

1.能源管理

能源管理就是对企业的能力来源和员工的能力来源进行管理，即根据组织的具体需要及发展目标，通过甄别组织能力与员工能力，把员工能力纳入组织能力整体构成中，促使员工个人能力升华到组织能力，进一步增强企业的整体能力。

2.能力管理

能力管理就是对员工能力的运用进行管理，即企业为员工搭建施展能力的平台，构建高效能的企业管理体系，从而创造一个分工明确、责权利相匹配的环境，以保证组织企业与员工个人工作绩效指标的实现。

3.能级管理

能级管理就是针对员工的实际能力与绩效结果，有选择地分配企业资源，以期达到最佳的激励效果，促使员工持续性地创造工作佳绩，并通过员工间胜任能力的优化组合，促使团队绩效的保持与提升。

4.能量管理

能量管理就是针对企业的关键能力与关键员工的关键能力的结合，通过“留人—留心—留神”的方法，保证企业整体能力的持续发展与提升，并通过建立有效的“进入—退出”机制，保证企业的整体能力处于持续上升状态。

三、组织公民行为与人力资源管理

组织公民行为是一种有利于组织的角色外行为，由一系列非正式的合作行为构成。随着竞争的加剧，组织结构的扁平化，员工的组织公民行为越来越为组织管理者重视。

（一）组织公民行为的由来与发展

组织公民行为的提出始于卡茨和卡恩的研究，他们认为，为了确保组织有效运行和提升组织效能，组织需要三种员工行为，其中之一是员工创新性地和自发地完成超越角色规范以外的行为，这种职务要求以外的行为即“公民行为”。此后的学者又将“公民行为”发展为“组织公民行为”。后来，美国学者奥根正式提出了组织公民行为的定义：组织公民行为指的是自愿性的个体行为，这些行为并没有得到组织中正式的报酬系统直接或明确的回报，而这些行为从总体上提高了组织的运作效率。

（二）组织公民行为的内容

综观组织公民行为的研究文献，可以发现研究者对组织公民行为的维度尚未达成共识。有学者对已有的理论进行了归纳与总结，概括出了组织公民行为的七个维度：助人行为、运动员精神、组织忠诚、组织遵从、个人主动性、公民道德和自我发展。

1.助人行为

助人行为是组织公民行为中最重要的一个维度，几乎所有的组织公民行为模型都把这个维度作为重要的组成部分。助人行为是指自发地帮助同事避免和解决工作相关的问题。

2.运动员精神

在研究文献中，运动员精神这一维度受到的关注最少。运动员精神的内涵不仅包括任劳任怨地忍耐工作中不可避免的麻烦，还有当事情不如愿时仍然保持积极的态度，为了团体的利益甘愿牺牲一些个人的兴趣和爱好，不轻易否决别人的意见等。

3.组织忠诚

组织忠诚是组织公民行为中一个很重要的表现。组织忠诚是指对外树立组织良好形象，保护组织免受外来威胁，即使在逆境下仍然保持对组织的忠诚。

4.组织遵从

组织遵从是指接受与内化组织的规章制度和程序，并严格遵守，即使是在没有他人在场的情况下，也是如此。这类行为之所以被认作组织公民行为的一种表现，是因为组织虽然要求员工服从其各种规章制度，但实际上很少有员工能完全服从。因此，一个完全服从所有规章制度的员工是十分可贵的。

5.个人主动性

个人主动性是一种工作角色外行为，它包括自愿并积极主动地从事与工作相关但超出组织要求的行为，主要表现为个体愿意承担额外的工作责任，并以极大的热情和努力持续工作，同时也积极激励组织中的其他人。

6.公民道德

公民道德是指员工作为组织中的一个“公民”应有的道德行为，包括乐于参与组织的管理工作（参加会议、政策讨论，表达自己对组织发展战略的看法等），监控来自环境的威胁和机会（关注影响组织的各种变化并努力适应这种变化），保护组织资源（报告火警或可疑情况、注意锁门等），为了组织的利益宁愿牺牲个人的利益等。

7.自我发展

自我发展是组织公民行为的一个重要表现。自我发展是指员工主动利用业余时间，通过各种形式来开发自己的潜能，自愿接受组织提供的培训机会，努力学习相关工作知识和技能，以求对组织的发展做出更大贡献。

鉴于社会文化和经济制度体系等背景因素对组织公民行为会产生重大的影响，不同文化中的组织公民行为的性质、意义、对组织效能的影响作用也会不同。以上对组织公民行为的研究是以西方文化为背景的，并不适用于中国文化。樊景立教授探索了中国大陆的组织公民行为，发现了中国大陆的组织公民行为的十个维度，其中有五个维度是与西方文化背景下的组织公民行为维度共有的，其余五个维度是对西方文化背景下的组织公民行为维度的拓展。

与西方文化背景下的组织公民行为共有的维度：一是积极主动，指担当额外责任的意愿，比如加班、接受额外的任务、分享与工作相关的信息等行为；二是帮助同事，指帮助同事解决与工作和生活相关的问题；三是观点表述，指对组织提出合理化建议，勇于阻止对组织有害的行为的发生；四是群体活动参与，指能够积极参加公司或者某工作群体组织的活动；五是提升组织形象，指忠诚的行为。

与西方文化背景下的组织公民行为不同的维度：一是自我培训，指自觉提升自己的知识和工作技能；二是参与公益活动，指员工对社会公益活动（如献血、植树和社区服务活动）的参与；三是保护和节省公司资源，包括节约公司资源，动用个人资源如资金、信息和社会关系来帮助公司发展，在公司遭遇灾难（如火灾、洪水）时能够保护公司财产；四是保持工作场所整洁；五是人际和睦，指那些指向促进和保持工作场所人际和谐的员工行为。

（三）组织公民行为对组织有效运行的作用

组织公民行为的特点决定了这类行为很难在正式的工作合同中体现。任何组织都很难在正式的规章制度、工作手册、岗位说明书等文件中明确或详尽地界定员工的工作职责，总会有一些职责之外的事情，这就需要员工做出组织公民行为。在知识经济时代的组织环境中，更加强调组织的创新、灵活以及对变化的环境迅速做出反应，传统的工作描述、岗位职责等需要随着环境的变化而有所改变，而且现在的组织中更加需要员工通过主动的合作解决组织所面临的问题，因此组织公民行为就显得更加重要。

研究者将组织公民行为对组织有效运行的作用总结为以下几个方面：①能提升同事和管理者的生产力；②充当组织运行的润滑剂，减少人际矛盾冲突；③能使组织有效利用资源，减少不必要的资源争夺；④促进团队成员之间以及跨团队的工作协调；⑤通过创造一个使人更加愉快工作的环境，从而吸引和留住高素质员工；⑥提高组织绩效的稳定性；⑦增强对环境变化的适应能力。

（四）组织公民行为的影响因素

1.个体因素

个体因素包括个性特点、工作动机和工作态度。一般来说，具有亲和力、责任感的员工更容易表现出组织公民行为，成就导向型的员工。员工工作态度对组织公民行为的影响，主要从工作满意度和组织承诺两个方面考查。有研究表明，工作满意度对组织公民行为具有显著的正向影响作用，员工在工作中的满意度较高，自然会产生对工作本身以及工作相关的人和事的关注及满意，更多地表现出积极的情绪状态，产生更强的利他行为动机，从而影响组织公民行为中的利他行为。相比工作满意度而言，组织承诺更能激励员工的行为。

2.组织因素

组织因素包括任务特性、组织公平和领导行为。研究表明，任务特性与组织公民行为呈一致性关系，任务的反馈性、常规性和任务的内在激励性都与利他行为、礼貌行为、责任意识、运动员精神、公民道德之间存在联系。员工的公平感会对组织公民行为产生重要的影响，受到公平对待的员工更愿意信任组织，更愿意从事组织公民行为来回报组织；如果员工觉得自己主管的做法、组织的薪酬政策是不公平的，员工的满意度明显受阻，组织公民行为也相应受到制约。领导行为主要是通过影响员工的满意度、公平感来预测员工的组织公民行为的，另外，变革型领导和交易型领导与组织公民行为也有一定的关系。

3.文化因素

近年来，越来越多的国内学者意识到组织公民行为与民族文化之间的必然联系。在中国文化背景下，中国人的组织公民行为表现出“重人际和谐、重勤劳品质、强调保护公共资源、重视社会本位性、非绝对化的个人首创性”等特点，因此，研究组织公民行为时需要考虑文化差异，并把文化作为影响组织公民行为的重要变量。

（五）在人力资源管理中的运用

员工的组织公民行为能够直接影响组织的正常运作和可持续发展。当组织中有经验的员工主动帮助新进员工学习工作技能时，可以使新员工在较短的时间内熟悉工作业务，从而减少组织的培训成本；当组织中的员工谦虚有礼，具有运动员精神时，将减少管理者在处理组织内部人际矛盾上花费的时间，从而能够集中精力关注组织的战略规划、技术开发等重要工作；当组织中的员工重视互助、协作、同步的团队精神，树立个人价值和组织价值相统一的共存理念时，组织就可以有效降低经营成本，加强员工的团队合作精神，并充分挖掘人力资源的潜能，使整个组织高效而具有竞争力。在综合前人研究的基础上，笔者认为，组织公民行为在人力资源管理中的运用主要表现在以下几个方面。

1.招聘时重视组织公民行为特质的考察

有资料表明，员工的人格特质是影响其展现组织公民行为的一个很重要的因素，具有集体价值取向、高度责任意识和对领导信任的人更有可能具有高水平的组织公民行为。还有人认为员工人格特质中的正、负向情感对组织公民行为也有影响。当员工心情处于正向的情绪状态（如热心、快乐、自豪等）时，员工对工作就会表现出积极主动、无怨言、愿意无条件付出等行为；而当员工心情处于负向的情绪状态（如惶恐、羞愧、烦躁、易怒等）时，员工就不会主动、积极地工作，甚至其职责范围内的工作也会敷衍、推辞，更遑论主动地表现角色以外的组织公民行为。

除了员工的人格特质和正、负向情感，员工与组织彼此的价值观是否契合，也是影响他们是否展现组织公民行为的一个重要因素。当员工自身的价值观、理念与组织的价值观达到一致时，可以增强员工的工作动机和留职意愿，降低组织的管理成本，提升组织的竞争力等。对组织认同度高的员工，还能够自觉地将非工作职责内的行为纳入工作职责中，在工作中自觉地展示组织公民行为。

因此，对员工组织公民行为的激发应始于员工被录用之前。组织在招募员工时，应将应聘者的人格特质和正、负向情感程度以及与组织文化价值观的契合度列入考核指标，优先录用那些具有组织公民行为特质的应聘者。

2.利用工作任务的特性激发员工的组织公民行为

不少学者研究过工作任务特性与组织公民行为之间的关系，并认为员工通过对工作的自主性、反馈性、工作任务的重要性及工作互依性等激励性工作特性的认知，会在心中产生关键的心理状态，即工作的责任感，进而影响自己的工作行为表现。

当工作的自主性很高时，如果工作成果的好坏取决于个人的努力、创新和决策能力，那么员工必然会因其工作成果的成败得失而产生强烈的责任感，进而增强员工的组织公民行为。如果能及时给予员工反馈，使员工了解自己的行为对组织发展的意义，深刻感受到自身工作的价值，也能有效激发员工工作的内在动机，正是这种基于对组织、工作认同的心理契约，使员工自发地展现组织公民行为。另外，如果员工在工作中能充分地感受到同事对自己的依赖或自己必须依靠工作伙伴才能完成工作任务时，员工也会增加对他人工作的责任感，从而逐渐养成合作、协助的社会规范，这将成为员工组织公民行为的潜在来源。

因此，组织可以利用员工希望工作丰富化的特点因势利导，从工作技能的多样性、任务的同一性、任务的重要性、工作自主性和工作反馈性等维度，结合员工特点，满足员工工作丰富化的需求，使员工产生积极的心理状态，激发员工为追求自我成就感得到满足而产生的强烈的工作动机，使员工展现出实施组织公民行为的意愿和能力。

3.通过改变管理方式激发员工的组织公民行为

研究表明，一个尽职的管理者应当扮演引导者的角色，在展示自己的组织公民行为的同时，也积极鼓励员工表现出组织公民行为，内容主要如下。

一是管理者以身作则。所谓“身教胜于言传”，管理者的一言一行都深刻地影响员工的态度和行为，一个经常展现组织公民行为的管理者，能够为员工树立榜样，使员工在观察学习中产生模仿行为，并在实践中自发性地展现出来。

二是改变领导风格。管理者在管理过程中主动关心员工、重视员工高层次精神需要的满足，这会对员工产生组织公民行为起到积极的促进作用。当员工在职场上受到组织的关怀与尊重后，自然也会提高对组织的忠诚感和责任感，并把个人价值的实现与组织的发展有机结合起来，从而提高组织公民行为的出现率。

三是拓宽组织监控的范围。如果管理者过分强调以一定的绩效标准来考核员工的绩效水平，员工将不会倾向于表现出组织公民行为，因为员工会理解为管理者的重点是放在角色行为（工作职责）上，这种知觉会降低员工展示组织公民行为的动机。

四是及时强化员工的组织公民行为。当员工表现出良好的组织公民行为时，管理者要及时进行正强化，不吝给予物质和精神上的激励，有时管理人员一个赞许的目光、一句表扬的言语等就可以使员工得到极大鼓舞，从而展现出更多的组织公民行为。

4.通过营造组织公平的环境激发员工的组织公民行为

组织公平通常是指员工主观上对组织在分配资源、决定各种奖惩措施时是否符合公平性的原则的一种认知和感受。组织公平一般包括分配公平与程序公平两个方面：分配公平是指员工对其工作投入和薪资或奖励所得与其他同事比较是否公平的认知；程序公平是指员工感受到管理者实施奖惩的过程是否公开，奖惩标准、办法的确定是否符合公平原则，以及在分配决策之前是否与员工展开有效沟通，员工的意见是否被组织认真考虑等。

国内外的研究均表明，员工感受到的组织公平程度越高，其就越会表现出组织公民行为。组织内的员工一般将组织公民行为视为个人的工作投入，当员工认为组织存在不公平时，其组织公民行为会减少；反之，则增加。可见，员工增加或降低自己的组织公民行为可作为员工对组织不公平情境的一种反映。

当组织在进行内部资源和薪资分配时，应当遵循公平性的原则，让员工感受到组织推崇高度的分配公正，感到自己是被组织平等对待的，这样员工才会有好的工作态度和工作表现。程序公平比分配公平对组织公民行为的影响更大，因为程序通常是组织分配公正与否的前提，对于未来不确定的组织薪酬分配，若能通过健全、公正、公开的程序先予以制度化，对员工的利益将是一种保障。因此，组织的资源分配、薪资制度的制定与运作，应让员工感到公平，这样在引导员工对角色内的工作尽心尽力的同时，也能激发其产生更多的组织公民行为。

第四节　现代企业人力资源管理方式的转变

近些年，组织的经营环境发生了重大变化，人力资源管理的方式也发生了相应的转变。这些变化主要表现为虚拟人力资源管理兴起，组织对人力资本投资日益重视，人力资源管理外包趋势明显等。

随着高技术产业的迅猛发展，人力资本在经营管理活动中的作用日益重要，一种以人的智力为基础的新组织运行模式正在兴起。人力资本已经成为继传统物质和资本、技术和设备之后推动组织不断发展的“第三资本”，组织利润的增长更多地取决于组织人力资本的投资、运作及开发。

一、组织人力资本的含义与特征

（一）组织人力资本的含义

组织人力资本是指组织为实现未来的增值，通过有意识的投资获得的，依附于员工身上的知识、技术、信息、健康、道德、信誉和社会关系的总和。这一定义不仅明确了组织人力资本的主要内容，而且揭示了人力资本的“人力”特征和“资本”特征。与劳动力范畴相比，人力资本具有投资性、增值性和收益性等“资本”特征；与物质资本范畴相比，人力资本具有人身依附性、异质性和边际收益递增性等“人力”特征。组织人力资本的概念包括以下四个方面的内涵。

1.组织人力资本的投资主体是组织

组织人力资本投资的目的是给组织创造价值，投资的对象是组织的员工。组织人力资本依附于组织的员工，组织总体人力资本增值是以个体人力资本增值为基础的。

2.组织人力资本的判断依据是不是个体人力资本能否为组织创造价值

在组织中，员工个体人力资本主要是用于为组织创造价值，凡是不能够为组织创造价值的员工个体人力资本都不能称为组织人力资本。由于不同组织的环境状况不同，同一个体人力资本创造的价值在不同的组织也是不一样的。

3.组织人力资本是组织实际使用的人力资本

由于组织人力资本依附于个体，只有全体员工实际投入组织的人力资本才是组织人力资本。假如个体人力资本价值存量很高且与岗位匹配，但是个体努力程度不够，未能将全部人力资本投入组织，出现组织实际使用的人力资本小于员工个体拥有的人力资本。

4.组织人力资本是所有员工个体人力资本协调与合作的整合

组织人力资本并不等于全体员工个体人力资本的简单代数之和，这是因为人力资本具有专业性与合作性，不同个体的人力资本之间可能存在替代、互补、互动等关系，使组织人力资本存量可能等于或大于甚至小于个体人力资本之和，这是由组织人力资本的管理效果决定的。因此，对组织人力资本必须进行有效的管理，否则难以产生整合效应。

（二）组织人力资本的特征

1.组织人力资本的形成是投资的结果

组织对人力资本的投资包括提供教育、培训、医疗保健等方式，没有投资就不可能形成所谓的人力资本。

2.组织人力资本价值具有双重性

组织通过投资使员工形成个体人力资本，通过工作实践使员工积累经验、丰富知识、提高技能熟练程度，实现增值；同时，员工个体人力资本水平的提高有助于提高组织生产率，实现组织价值的增值。

3.组织人力资本具有依附性

组织人力资本的载体是员工，也就是说，组织人力资本具有依附性，不能脱离员工。

4.组织人力资本具有异质性

由于组织的文化、管理等方面的原因，任何组织的人力资本都不可能完全相同。

5.组织人力资本具有积累性

组织人力资本可以通过教育、培训等方式使员工不断学习和积累。员工学习的过程就是人力资本积累的过程，员工学习能力越强，人力资本积累就越多，人力资本存量也就越大。

6.组织人力资本具有难以度量性

组织物质资本的多少可以直接度量，而组织人力资本因其构成的复杂性、依附载体和表现形式的多样性而不易被直接观察和度量。

7.组织人力资本价值具有可变性

组织人力资本价值因载体自身条件和外部环境的变化以及投资的变化而变化。组织人力资本价值通过生产实践而不断积累，从而使人力资本升值；相反，人岗配置不当等也会造成组织人力资本处于闲置而贬值。随着教育、培训等人力资本投资的不断增加，组织人力资本的价值也会不断增加；而如果组织人力资本投资不足，致使员工个体的知识、技术等得不到及时、有效的更新或者更新缓慢，组织人力资本也会贬值。

二、组织人力资本对经济增长的作用

组织人力资本投资的目的是提高组织人力资本的存量和增量，增加员工个体的知识、技术水平，以实现最大预期收益。

第一，组织人力资本能够提高组织生产率。这是由人力资本具有特殊的生产功能所决定的。从生产的角度看，组织人力资本这一生产过程中不可或缺的投入要素的提高，一方面可以提高人力资本自身的生产效率，从而提高投入于生产中的劳动质量或者增加有效劳动投入，直接对经济增长作出贡献，另一方面可以提高其他生产要素的生产效率，间接地对经济增长做贡献，促进经济的持续增长。

第二，组织人力资本的提高有助于产业结构转变和优化。组织人力资本的提高促进了生产技术的进步，生产技术的进步提高了组织适应新兴产业的能力，从而可以使组织的产业结构得到优化和升级。

第三，组织人力资本的发展有利于促进员工的全面发展，从而为组织的经济增长创造动力。员工自身的素质越高，创新意识就越强，对高新技术的追求也就会更加迫切，那么组织经济增长的动力就越大，组织在市场竞争中也就越容易取得优势。

第四，组织人力资本规模收益率的变化具有一定的特殊性。在经济增长时，组织人力资本投资增加可以增加经济增长率；在经济下降时，组织人力资本投资增加可以减缓其下降速度；另外，组织人力资本投资增加可以延长经济增长率提高或保持较高水平的时间。

三、组织人力资本投资

（一）组织人力资本投资的含义

组织人力资本投资是以组织经营战略为目标，以增强组织人力资源智能和体能为手段，以组织为投资主体，以员工为投资对象，通过一定量的投入，增加组织人力资本的一种投资活动。

需要明确的是，组织在进行人力资本投资决策时，不仅需要考虑投资对员工个体的影响，还要考虑对组织的影响。首先，员工个体是人力资本的载体，所以组织人力资本投资的直接对象是员工个体，直接受到影响的也是员工个体。从这个意义上讲，组织人力资本投资首先应注重员工个体的各种能力的提高。其次，众多的员工个体构成了一个组织，组织环境能够对员工个体产生正面或负面的影响，从而使组织整体效能大于或小于个体效能之和。因此，组织人力资本投资不仅应促进员工个体能力的提高，还应促进员工个体集合的整体能力的提高。

（二）组织人力资本投资的特征

人力资本投资的主体包括政府、组织和个人（家庭）。组织人力资本投资除具有人力资本投资的一般特征外，与其他投资相比也存在很大区别，这些区别构成了组织人力资本投资的特征。

1.投资内容具有独特性和实用性

组织人力资本投资的内容偏重组织自身经营发展的需要，这使不同行业、不同组织，甚至同一组织内的不同部门，对人力资本投资的内容不尽相同，每个组织的人力资本投资具有独特性。另外，组织人力资本投资关注的重点是员工各项技能的提高，以确保员工能及时将投资结果转化为现实的生产力，因此具有较强的实用性。

2.投资形式具有多样性和灵活性

组织除了可以通过保健投资改善员工身体素质，以及通过培训投资提高员工智力水平，还可以采取一些激励手段提高员工的工作水平。而对每一个方面的投资又具有多种具体形式，以员工培训为例，除常见的脱产学习、在职短期培训外，还可以结合组织特点和岗位特点开展各种学习活动，通过建立学习型组织使员工在不断学习中提高自身的能力。

3.投资对象具有复杂性和能动性

组织人力资本投资的对象是组织内部的员工，他们在专业背景、文化水平、个人经验、学习态度以及年龄、性格、爱好等诸多方面都存在着不同程度的差异，这种差异决定了组织人力资本投资对象的复杂性。因此，组织人力资本投资要根据不同人员的不同需要选取不同的内容和形式。另外，人力资本与物质资本、金融资本的最大区别在于人力资本是一种活的资本，具有主观能动性，人力资本投资的效果在很大程度上受个人主观能动性的影响。这正是人力资本投资风险产生的根源，也是风险管理的重点。

4.投资收益具有滞后性和不可控性

人力资本的形成具有累计性的特点，需要较长的时间，这就导致人力资本投资收益在时间上存在一定的滞后性，即人力资本在投资完成后不一定能立即转化为生产能力，需要经过一段时间才能产生投资收益。因此，人力资本的投资回收期较长，无法像物质资本那样在短期内或立即获得投资的回报。同时，受人力资本所有者的个人状况和外界环境等多方面的影响，个体的不确定性很大，人力资本投资收益难以控制。

5.投资主体与收益主体的不完全一致性

在人力资本投资中，由于人力资本是一种依附于个体的复杂劳动能力，投资完成后归被投资者所有，投资者只有占有劳动者或把复杂劳动能力转化为可变资本，才能支配其投资形成的人力资本。因此，作为投资主体的组织几乎承担了人力资本投资的所有成本和风险，人力资本投资的收益却是由组织和员工共同享有的。

（三）组织人力资本投资的途径

组织人力资本投资的途径主要有人员招聘、在职培训、卫生保健、组织文化建设、岗位轮换、合理配置和边干边学。

1.人员招聘

人员招聘是组织获取人力资本的最基本途径之一。经过层层选拔，最后被录用的人员总是组织满意的人员。这些人员自身所特有的文化素养、知识、技能等都是组织所需要的人力资本，因此有效的招聘可以快速增加组织的人力资本存量。

2.在职培训

在职培训是直接服务于组织实际需求、增加人力资本存量的重要手段。通过在职培训，可以提高员工的学习能力、生产能力、劳动技能、创新能力、分析问题及解决问题的能力、思想素养、文化素养等。在职培训的形式比较多，包括岗前培训、岗位培训、脱产培训等，其目的都是提高员工劳动生产率。

3.卫生保健

卫生保健投资的直接结果是改善员工的健康状况，增强员工的体力和精力，使劳动者的生产能力提高，单位时间的产出增长，劳动质量大幅提高。其具体途径有劳动保护、身体检查、防疫保健等。

4.组织文化建设

组织文化是与组织发展相伴而生的一种文化现象，同时又是一种信念、情感的力量。组织文化建设主要是指关于组织价值观、信仰、习惯、行为、作风等的建设，这对增强组织的凝聚力、向心力有重要作用。优秀的组织文化能够使员工的个人利益与组织的目标保持高度一致，在组织内部营造一种积极向上的工作环境，对组织的绩效产生强大的推动作用。

5.岗位轮换

岗位轮换是人力资本动态配置的一种方式。虽然岗位轮换本身并不能增加人力资本的价值，但岗位轮换可以促使人力资源与物质资源在动态组合中不断优化，形成最优配置，使潜在的资源转变为现实的生产力，实现人力资本的增值。因此，岗位轮换被认为是人力资本投资的一个重要组成部分，它为人力资本在微观层次上的优化配置和宏观层次上的有效利用创造了条件。

6.合理配置

人力资本的合理配置是人力资本效能发挥的基础，能强化人力资本的整体功能。通过优化人力资本配置，可以做到人尽其才、才尽其用、人事相宜，最大限度地发挥人力资源的作用，进而有效推动经济增长。人员考核、调配、组合、提升等管理工作，是充分发挥人力资本作用的关键。

7.边干边学

边干边学也是人力资本投资的一个重要途径。一名员工即使不参加或不接受教育或培训，仍可以通过实践和生产活动来提高其劳动技能和劳动熟练程度，使自己的人力资本增加，从而促进组织整体绩效的提高。这个过程看似没有新的投人，但也是有成本的。没有生产资料、劳动对象的投人，不可能实现边干边学。因此，生产资料的投人、劳动对象的投人，一方面是为生产产品的一种投人，另一方面也是使人力资本增值的一种投人。

（四）组织人力资本投资的风险与防范

组织人力资本投资风险是指组织在人力资本投资过程中，受一系列因素的影响，导致预期的投资收益与实际的投资收益的差异程度，即投资收益的不确定性。人力资本与物质资本相比，具有很大的灵活性与主观能动性，其风险程度、不确定性也远远大于物质资本。因此，认识与研究组织人力资本投资风险具有非常重要的意义。通常人们将组织人力资本投资的风险划分为非人为风险和人为风险两大类。

非人为风险是指外部环境变化给投资者带来的风险。这类风险主要包括：国家政治活动的不确定性引起的风险，疾病或突发性事件使被投资者死亡或丧失劳动力的风险，科学技术上的突破使人力资本加快折旧的风险；等等。这类风险一般源于不可抗力。

人为风险是指因人的主观行为使投资者蒙受损失的风险。根据主观行为人是投资者还是被投资者的不同，人为风险又可分为投资者人为风险和被投资者人为风险。投资者人为风险主要是指因投资对象选择不合适而使投资无法回收的风险，被投资者人为风险是指因投资对象的主观行为而使投资者遭受损失的风险。其中，被投资者人为风险也可分为两类：一类是被投资者离职导致人力资本外流的风险，这是目前组织人力资本投资所面临的主要风险；另一类是被投资者因主观能动性等不愿发挥应有效用的风险。

总之，在知识经济时代，人力资源是组织的第一资源，人力资本投资因关系着组织的成败而越来越受到人们的重视。组织作为人力资本投资的主要主体，不仅要积极加大人力资本投资的力度，还必须具有现代风险管理意识，对人力资本投资风险进行识别与控制，并采取积极、有效的防范措施，促进人力资本投资收益最大化，以实现组织的竞争优势。

第五节　现代企业人力资源管理工具的改进

近年来，国际人才争夺日趋激烈，国际竞争的深化必然推动组织生产要素在全球范围内流动并进行优化配置，人力资源的全球化配置已成为当今社会的主要趋势。这就导致人力资源管理无论是在理论上还是实践上，都出现了一些新的变化，出现了一些新的人力资源管理工具。

一、人力资源管理信息化

随着信息技术的广泛应用，组织将在信息时代背景下竞争与发展。人力资源管理将不再是技术的奴仆，信息技术将更加广泛地在人力资源管理领域中得到应用。组织的人力资源管理体系建立在网络化、信息化的组织结构上，一种借助信息技术的全新的人力资源管理模式，即e-HR（人力资源管理信息化）浪潮正以惊人的速度发展。

（一）人力资源管理信息化的含义

人力资源管理信息化的含义主要包括以下五个方面。

1.人力资源管理信息化是一个具有崭新意义的概念

人力资源管理信息化是电子化的人力资源管理，是借助各种信息手段进行的人力资源管理活动。人力资源管理信息化是蕴含了电子商务、互联网、人力资源业务流程优化、全面人力资源管理等的新型人力资源管理模式。人力资源管理的发展离不开信息化，而信息化又服务于人力资源管理的现代化。

2.人力资源管理信息化是在三个层面上展开的

人力资源管理信息化的第一个层面是信息的数字化，即把人力资源信息以一定的数字形式保存起来，也称数字化过程；第二个层面是流程的电子化，即把已经规范的工作流程以软件程序的方式固定下来，减少人为的随意性的管理行为，提高管理效率；第三个层面是对管理和决策的科学化，即通过对数字化的人力资源信息进行科学加工和处理，为管理和决策提供依据。

3.人力资源管理信息化是全新的管理模式

人力资源管理信息化是一种全新的人力资源管理模式，融合了互联网等信息技术和人力资源管理领域的最新理念，新技术和新理念相辅相成，共同推动了人力资源管理模式的发展，代表了人力资源管理的未来发展方向。

4.人力资源管理信息化是信息技术的应用

人力资源管理信息化是以信息技术为基础，引入先进的管理思想和经营理念，实现观念创新、体制创新、机制创新、管理创新的过程，是实现人力资源管理数字化、标准化、系统化、网络化的过程。

5.人力资源管理信息化是带动人力资源管理创新的突破口

人力资源管理信息化为人力资源管理带来了新的机遇与挑战，促进人力资源管理者转变管理职能、工作方式和工作作风，以增强服务能力，进一步提高工作质量和效率，从而建立办事高效、运转协调、行为规范的人力资源管理体系。

（二）人力资源管理信息化的必要性

1.人力资源管理信息化是时代发展的必然趋势

随着信息技术的发展，以计算机技术、通信技术、网络技术以及多媒体技术为基础的网络环境已经基本形成，人力资源管理的职能、方式和手段也随之发生了根本性的改变，实现人力资源管理信息化是顺应信息时代潮流的需要。

2.人力资源管理信息化符合企业信息化建设的需要

企业信息化建设已经被全球信息化飞速发展和信息应用的快速普及推向市场的最前沿。企业信息化建设已经不再是企业的效益工程，而是企业的基本生存条件，如果企业在信息化建设过程中失去了有利的时机，可能会被时代无情地淘汰。在这种发展趋势下，当企业管理向信息化的方向发展时，人力资源管理作为其中的一个极其重要的组成部分，必然也需要向信息化迈进。

3.人力资源管理信息化符合人力资源管理自身发展的需要

战略性人力资源管理理论的发展，使人力资源管理的职能从一种维持和辅助型的管理职能逐步转变为一种具有重要战略意义的管理职能，人力资源管理者也开始更多地参与组织的战略规划，成为高层管理者的战略伙伴和组织战略决策的参与者。人力资源管理信息化使信息技术与人力资源管理有机地结合起来，将一些稳定的、机械性的、重复的人力资源管理的行政事务性工作通过信息化手段处理，使人力资源管理者能够集中精力从事战略性的工作，增加了人力资源部门战略管理角色的分量。由此可见，人力资源管理信息化也是其自身发展的必然选择。

（三）人力资源管理信息化的意义

1.降低管理成本

人力资源管理信息化的实现可以降低人力资源管理的直接成本和间接成本。

在降低直接成本方面，包括减少因繁杂的人力资源管理工作而产生的操作成本，减少因行政性、事务性工作而增加的人力资源管理人员的数量，减少因咨询而带来的通信费用等。人力资源管理信息化可以通过软件和网络完成一些原本需要大量使用纸张的工作，从而不仅使组织实现了办公无纸化，节约了纸张，减少了相关办公用品的开支，也使工作方式实现了环保绿色的目标，并相应地减少了组织在行政性管理人员方面的费用开支。

在减少间接成本方面，人力资源管理信息化由于依托网络环境，信息沟通及时，工作协调效率提高，使人力资源管理各项工作的效率大大提高，间接地降低了人员管理成本。通过全员参与开放的信息化管理平台，人力资源信息得以及时更新与共享，从而避免了由管理疏漏造成的额外成本。

2.提高管理效率

对于组织的决策者来说，人力资源管理信息化可以快速、准确地为企业决策者提供人力资源管理信息，有效地为决策提供支持；对于组织中的员工来说，人力资源管理信息化可以提供更好的服务质量和更快的服务速度，使员工能够更便捷地获得并维护有关自己的信息。与传统人力资源管理相比：人力资源管理信息化不仅突破了时间限制，可以不分上班、下班时间，随时提供人力资源方面的服务；还突破了空间限制，使员工在不同地域都能得到相应的服务；也突破了人数限制，可以同时为多人提供服务。

3.促进管理变革

在日常工作中，人力资源管理人员往往需要花费大量的时间和精力在日常的行政性事务上，无暇顾及更为重要的战略性工作。人力资源管理信息化的实现将彻底改变这一局面，因为它不仅是一种新技术的应用，更是一种管理新理念的导入，是对原有人力资源管理理念的革新，是对人们心理和行为方式的双重改变。

（1）促进管理方式的变革

人力资源管理信息化的实现将促进人力资源管理人员在时间安排和工作方式方面产生巨大的转变，使其在关注组织战略性、政策性工作方面所占用的时间远远多于关注组织基础性、行政性、事务性方面的工作时间，将人力资源管理工作提升到战略性层面。

（2）促进管理角色的转变

人力资源管理信息化的实现将彻底转变人力资源管理的角色，从简单提供人力资源管理信息转变为提供人力资源管理方案，随时随地向组织高层管理者提供决策支持。另外，人力资源管理信息化还通过授权员工进行自主服务，使人力资源管理者从琐碎的行政性事务中解脱出来，担当起组织决策者战略性合作伙伴的角色。

（3）促进管理理念的转变

人力资源管理信息化的实现将营造一种开放式的管理理念。当人力资源管理从单一的、自上而下的管理，向互动式、全方位、专业化的管理发展的过程中，人力资源管理的理念逐步提升，人力资源部门逐渐成为企业的核心部门。人力资源管理信息化的实施不仅使人力资源向人力资本转变成为可能，也促进了人力资源管理向全员参与管理模式的转变，使员工在管理过程中不再处于被动地位，形成新的管理互动的局面。

二、人才测评广泛使用

在市场经济条件下，组织的人力资源更多是通过市场途径获取的。为有效获取人力资源，作为一种科学的人才评价手段的人才测评便应运而生。人才测评不仅能为组织选聘合适的人才提供科学依据，也为个人择业指明方向，是帮助组织提高效率和实现个人职业发展的有效工具。

（一）人才测评概述

人才测评，也称人才素质测评，是指通过一系列科学的手段和方法对人的基本素质及其绩效进行测量和评定的活动。

人才测评，是运用现代心理学、教育测量学、行为科学、管理学以及计算机技术等相关学科的研究成果，通过心理测验、情景模拟等手段，对人的能力水平、个性特征等因素进行测量，并根据岗位需求和组织特性进行评价，以求对人有客观、全面、深入的了解，从而有利于将最合适的人放到适合的岗位，并在人与人之间实现完美的工作组合。

1.人才测评的特点

人才测评是一种复杂的、特殊的社会认知活动，其主体包括主持测评者和测评对象，都是现实生活中的人，这就决定了人才测评不同于其他形式的测评活动。归纳起来，主要有以下几个特点。

第一，人才测评是心理测量，不是物理测量。就人才测评的内容而言，人才测评是心理测量，主要是对个体心理方面的测量，包括能力、兴趣、性格、气质及价值观等。由于测量对象有内在性、隐蔽性和无形性等特点，相较于物理测量，心理测量更为复杂。

第二，人才测评是抽样测量，不是总体测量。从统计学意义来看，人才测评的对象是个体的素质及其绩效，而素质与绩效不是表现或弥漫于个体活动的全部时空中的，因此人才测评实施时收集的相关信息越充分、越全面，测评结果就越有效、越具体、越客观。但在实际操作中，测评的主持者在有限时间内不可能掌握被测评者素质的全部表征信息，只能根据“部分能够反映总体”的原理，对测评要素进行抽样，从抽样的样本测量结果来推断全部待测评内容的特征。

第三，人才测评是相对测量，不是绝对测量。人才测评的主观性和复杂性决定了素质测评难以保证没有误差，存在测不准的可能性，换言之就是测准是相对的，测不准是绝对的。随着人类认识自身能力的提高及测评技术的发展，人才测评将逐步接近测准的状态。由此可见，人才测评的结果只有相对意义，没有绝对意义。

第四，人才测评是间接测量，不是直接测量。这是由人的素质特点所决定的，人的素质是依附于个体身上的客观存在，是一种内在抽象的东西，看不见，摸不着，但素质可以通过人的行为表现出来。素质和行为之间存在一系列中介物。人们不能对素质本身进行直接测量，但可以通过表现的行为特征进行间接的推测和判断。可见，人才测评是间接测量，而不是直接测量。

2.人才测评的功能

人才测评以其测评结构的完整性、测评对象的广泛性、测评过程的科学性、测评结果的准确性成为人力资源管理的重要组成部分。概括起来，人才测评的功能主要表现在以下几个方面。

（1）预测功能

人才测评主要是对受测者在实际工作岗位上所能达到绩效的程度作出评价和预测，分析出受测者在未来某一段时间内工作绩效（或工作行为）达到某种程度的可能性。

（2）诊断功能

当个体或组织发展到一定阶段后，就会出现发展缓慢或停滞不前，甚至倒退的现象。运用人才测评技术和方法对受测者进行客观评价，可以引导个体或组织进行反省和自我检查，找出存在的主要问题、缺陷和不足，以便采取有针对性的措施，如改善思维方式、更新知识和观念、优化组织结构等，从而实现可持续发展。

（3）导向功能

一方面，人才测评结果的运用具有明确的导向性，如决定人员是否录用、是否晋升、是否给予奖励等；另一方面，测评内容和标准具有导向性，人们为了取得一个好的测评结果，往往会自觉地用他们所认可的测评要素及其标准调整自己的行为，夯实自己的基础知识，提升自己的实际技能，增强自身的素质和修养。

（4）激励功能

人才测评的结果能够激励人们产生积极向上的愿望与动机。从行为修正激励理论来看，获得肯定性评价的结果能够促使被肯定的行为趋于高频率出现，而获得否定性评价的结果能促使被否定的行为趋于低频率出现。因此，人才测评是促使个体素质与修养向着积极、健康方向发展的激励手段。

3.人才测评的原理

（1）输入输出原理（“黑箱”理论）

任何一个有机系统都需要与外界进行信息、能量和物质的交换。环境对系统的作用表现为输入，系统在特定环境下对输入的要素进行加工，就会产生输出。“黑箱”理论就是在描述这种系统功能的基础上发展起来的。根据“黑箱”理论，可以将人体内部认识不清的复杂状态视作一个“黑箱”，人们通过研究“黑箱”的输入与输出的相互关系，达到认识人体内部状态的目的，以预测人体的行为，进而也就可以得到测评结果。

（2）人岗匹配原理（社会角色理论）

社会角色理论认为，社会赋予每一个处于特定地位的人以独特的角色期望，并对他们的行为加以限制、规定和引导。个体在与他人的互动过程中，会努力去适应和学习角色规范。将社会角色理论引入人力资源管理，可称为“工作角色”。特定的工作角色要求担任这一角色的人具有相应的素质条件、心理特征和工作行为模式，即所谓的“人岗匹配”。也就是说，每一个岗位对任职者的素质条件、心理特征和行为模式都有一定的要求。只有当任职者具备了与岗位要求相一致的条件并达到了规定的水平，才能够胜任此岗位，并取得良好的绩效。

（二）人才测评的方法

人才测评的方法种类繁多，常用的人才测评方法主要包括以下几种。

1.履历表测量法

履历表测量，又称资历评价技术，是通过对受测者的个人背景、工作和生活经历进行分析，从而判断其对未来岗位适应性的一种人才测评方法，是相对独立于心理测试技术、评价中心技术的一种人才评估技术。近年来，这一方式越来越受到人力资源管理部门的重视，被广泛用于人才选拔等人力资源管理活动中。

做过什么是经验，做成什么是能力，怎么做成的则是体现一种思维方式，这是可以通过履历表测量得到答案的。履历表测量作为一种测量方式，之所以能够增加测量效度，就在于它可以从更广（横向）、更深（纵向）的维度去评价受测者的潜力。它采用纵向的维度，从一个人的工作和生活经历出发，同时考虑横向的多个维度，如领导力、人际交往能力等，对个体进行相对客观而全面的评价。

履历资料包括个体的背景信息、工作和生活经历信息。履历分析的基本原理是，个体未来行为的最好预测变量就是过去发生的行为。履历表测量就是通过询问受测者的个人背景、工作和生活经历的一些问题，以了解其人格特征、行为方式等方面的非认知因素。这些问题一般包括事实的、可验证的经历（如毕业院校、从业经历），以及主观的、非验证性的经历（如对大学生活的看法）。

履历表测量具有较高的效度和很小的不利影响。研究表明，履历表测量跟工作绩效具有很大程度的相关性，具有较好的效标关联效度，包括预测绩效、任职时间、培训成绩、工作改进、工作满意度和离职率等。相关研究表明，履历表测量的有效性还可以推广到不同的背景和组织中。履历表测量与人格显著相关，如通过受测者对“在高中的最后一年，你多长时间参加一次聚会?”这样的问题的回答就可以看出受测者人格维度中的“外向性”。

履历表测量涉及的履历表不同于普通的简历表。普通的简历表是一种有关个体情况描述的材料，其主要内容包括个人的基本信息、一般背景情况、学习培训经历、工作任职经历、业余爱好等。这种简历表对应聘者个人情况描述得较模糊，而且应聘者可能有意识或者无意识地在简历表中省略了对组织或者招聘人员重要但对应聘者个人表现不利的内容。而履历表是一种经济、实用的人才测评技术。由组织或者测评人员通过精心设计的履历表，不仅能够搜集一个人的成长历程和工作业绩，迅速排除明显不合格的人员；还可以根据与工作要求相关性的高低赋予不同的履历项目以不同的权重，然后将履历表中的所有项目得分加权汇总即可得到一个量化的个体履历分值。

2.笔试法

笔试法是一种在规定的条件下，按卷面的要求，用纸和笔进行文字作答的测评方法，主要用于测评应聘者有关基本知识、记忆能力、逻辑推理、文字表达、独立判断能力等要素的测评。笔试法是一种古老而又基本的人才测评方法，其优点是应用广泛、评价客观、表面效度很高、方便快捷、成本较低、便于规模操作，可作为人员选拔、录用程序的初期筛选工具，具有较高的效度。其缺点是难于检测应聘者的实际工作能力和某些操作技能，而且传统笔试法多采用主观性试题，测试内容狭窄，评分易受评卷者水平、好恶、情绪等主观因素的影响，进而造成测评结果表现出一定程度的失真。

3.心理测验法

心理测验是指应用心理学的相关理论与方法，通过有目的的严格控制或者创造一定的情境条件，引起受试者产生某种心理反应，以测评受测者的潜能、气质、性格、态度、兴趣等心理素质的一种有效测评方法。心理测验法被广泛用于现代人才测评工作。

心理测验法的种类很多，目前常用的方法是标准化法和投射法。

(1) 标准化法

标准化法主要用于智力测验、能力倾向测验、人格测验以及其他心理素质测验，如兴趣测验、价值观测验、态度测评等。一般有事前确定好的测验题目和答卷、详细的答题说明、客观的计分系统、解释系统、良好的常模（解释测验分数的标准）以及测验的信度、效度和项目分析数据等相关的资料。标准化的心理测验具有使用方便、经济、客观等特点。

(2) 投射法

主要用于对人格、动机等内容的测量，一般要求受测者对一些模棱两可或模糊不清、结构不明确的刺激做出描述或反应，通过对这些描述或反应的分析推断受测者的内在心理特点。它是基于这样一种假设：人们对外在事物的看法实际上反映出其内在的真实状态或特征。投射技术可以使受测者不愿表现的个性特征、内在冲突和态度更容易表达出来，因而在对人格结构、内容的深度分析上有独特的功能。但投射法测验在计分和解释上相对缺乏客观标准，对测验结果的评价带有一定的主观色彩，对主试者和评分者的要求很高，一般的人事管理人员无法直接使用。

4.笔迹分析法

笔迹分析法是根据书写者笔迹的特点和规律，判断书写者的性格、能力、心理和行为方式等特征的一种人才测评技术，主要用于人才招聘和选拔环节。

笔迹分析一般需要受测者提供至少一满页纸的字迹，最好是用圆珠笔写在未画线的纸上，字迹内容一般不作要求。进行笔迹分析时需要遵循一套严格的规定，测定字迹的大小、斜度、页面安排、字体宽度、书写力度等方面，其基本内容主要有七个方面：书面整洁性、字体大小、字体结构、笔压轻重、书写速度、字行平直性、通篇布局。

由于书写具有较强的书写动力定型的特点，笔迹分析可以避免受测者不愿合作而带来的掩饰、歪曲、装好、随机作答等局限性，更能客观地了解受测者的心理。因此，笔迹分析法具有简捷、方便、准确性高、个性化强等特点。

5.迷宫游戏法

迷宫游戏法是以心理学、医学以及神经学的最新研究成果为基础，通过迷宫游戏的方式收集信息，判断受测者的表现和能力的一种新的人才测评方法。欧美国家在人才的招聘和选拔过程中已广泛使用这种人才测评方法。因最早推出迷宫游戏分析法的是德国的E-PROFILING公司和哥廷根大学，因此这种方法也被称为E-PROFILING测评法。

迷宫游戏法是从心理学、神经学的双重角度对受测者进行客观而科学的评价，能够有效克服受测者记忆考题等所产生的问题，具有简捷、方便、高效度、高信度、低成本、隐蔽性强、无倾向性、趣味高等优势。

6.面试法

面试法是通过与受测者进行面对面交流和观察收集信息，从而了解受测者的素质状况、能力特征以及动机等的一种人才测评方法。面试法是人力资源管理领域中应用得最为普遍的一种测评方法，组织在招聘或选拔人才中几乎都会用到面试法。面试法按其形式的不同，可分为结构化面试和非结构化面试。

7.工作样本测验法

工作样本测验法是根据“从母体抽取的子样，具有近似母体的性质”这一统计学思想所构建的一种人才测评方法，主要通过受测者的实际操作，对照工作样本的标准现场评定其是否符合职务要求，如要求受测者现场修理有故障的机器等。

工作样本测验法测评的对象是未来实际工作所要求的任职条件；测评的环境是与未来实际工作相同的现场或模拟的情境；测评的方法是先从未来实际工作中选取一定的工作行为样本作为标准，然后根据受测者在测评中反映的行为与抽样行为标准的一致性程度给出相应的分值。

工作样本测验的一般操作程序是，首先，通过职务分析识别岗位任务的要求；其次，选出有代表性的工作样本作为测验内容；再次，制定评分程序，确定如何测评受测者的表现；最后，实施有关人员的测验。

8.评价中心技术

评价中心技术是一种以测评管理者素质为中心的人才测评方式。严格来讲，评价中心技术是一种程序而不是一种具体的方法，是组织选拔管理人员的一项人事评价过程，它由多个评价人员针对特定的目的与标准，使用多种主观、客观人事评价方法对受测者的各种能力进行评价，为组织选拔、晋升、鉴别、发展和训练个人能力提供服务。

评价中心技术的独特之处在于通过专门设计的一些与受测者未来可能面临的工作情境类似的环境，然后采用多种测评技术观察和评价他们在这些环境中的行为表现，以预测他们在未来工作岗位上的胜任程度。评价中心技术的最大特点是能够创设动态的、较真实的环境条件来观察受测者在当时情境中的心理和行为反应，使测评结果更为客观、真实。评价中心技术诞生后，受到许多行业、组织的重视，如通用电气公司、福特汽车公司、柯达公司等都建立了自己的评价中心技术来开展各类管理人员的选拔。

评价中心技术是多种方法、多种技术工具的综合体，其中比较典型的有文件筐测验、无领导小组讨论、搜索事实、即兴演讲、模拟面谈、模拟会议、案例分析、备忘录分析、管理游戏、角色扮演、事实判断等。

（三）人才测评实施的程序

建立一套科学、合理的测评程序是保证测评结果科学性的重要基础。在人才测评实施中应该遵循以下程序。

第一，研究组织经营战略和人力资源战略，明确组织结构和岗位职责。不同的经营战略，规定了不同的人力资源战略，人力资源战略对如何实现公司经营战略作了更加具体的规划；不同的人力资源战略会形成不同的组织结构；不同的组织结构确定了岗位的不同职责；不同的岗位职责要求任职者具有不同的工作能力和行为表现。所以说，组织经营战略和人力资源战略是组织实施人才测评的前提条件。

第二，进行工作分析，明确人才选拔标准。在选拔人才前，要对工作的具体要求等进行分析和确认。通过工作分析明确各项工作的要求、责任，掌握工作任务的静态与动态的特点，确定工作对任职者的心理、生理、技能、知识和品格等要求，进而在工作分析的基础上确定人才选拔的标准。有了明确的标准，才能通过相应的测评方法选拔出合适的人才。

第三，选择或开发测评方法和工具。人才测评方法和工具比较多，应仔细甄别，适合组织特点的测评方法和工具才是最好的。有条件的组织可以自主研制测评方法和工具，这样更有针对性。由于这是一项专业性比较强的工作，需要一些懂得心理学、管理学、组织行为学等知识和掌握人才测评技能的专业人员结合组织的实际情况进行开发。

第四，组织实施，制订人才测评计划。具体包括明确目的，确定对象、内容与标准，确立指标体系，选择测评工具，明确测评流程和注意事项，建立应急预案等。测评人员在测评实施、评分以及解释的过程中，必须严格遵循相应的测评手册或实施指南中所列出的原则。

第五，撰写测评报告。将测评过程中涉及的需求分析、测评设计、总体结果描述、具体测评结果描述、结果的分析与讨论等形成一份书面报告，为人才选拔提供决策依据。

第六，跟踪和改进。任何一项工作都不是一蹴而就的，需要有一个积累和完善的过程。组织在面对生存环境的变化时，其经营战略和人力资源战略也会有所变化，需要重新进行工作分析，这些都会影响人才测评工具的开发和使用，需要随时进行调整。

以上六个方面，是人才测评的一般程序，任何一个方面的工作缺失或不到位，都会影响人才测评工作的效果。

参考文献

[1] 潘春梅.人力资源管理中员工培训的重要性分析［J］.科技展望，2016，26（34）：290.

[2] 蔡晓云.经济新常态下人力资源管理的方式挑战与创新［J］.经济学，2020，3（5）：28-29.

[3] 单国玉.探究新经济背景下如何实现人力资源经济管理创新［J］.消费导刊，2019（26）：184.

[4] 瞿蕾.探究新经济背景下如何实现人力资源经济管理创新［J］.低碳世界，2019，9（8）：2.

[5] 刘学.新经济时代下的企业人力资源管理创新策略探析［J］.中国管理信息化，2020，23（19）：2.

[6] 付媛.新经济时代人力资源管理创新策略［J］.商讯，2019，180（26）：202.

[7] 徐华.新经济时代企业人力资源管理的创新与发展趋势探索［J］.中国外资，2020，455（8）：111-112.

[8] 罗文灵.对新经济时代行政事业单位人力资源管理模式的创新［J］.经贸实践，2019（20）：113.

[9] 王雷，栾静静.基于新经济背景下如何实现人力资源经济管理创新［J］.商情，2020（7）：187.

[10] 曹朝洪."新商科"理念下的商科专业人才培养策略［J］.高教学刊，2020，131（9）：158-160.

[11] 叶映，刘莎莎，余佩芩.新商科背景下工商管理专业本科人才的柔性化培养模式研究［J］.企业科技与发展，2020（2）：181-182，185.

[12] 衡希，屈屹.大商科背景下应用型本科人力资源管理人才培养模式研究［J］.广西质量监督导报，2019（7）：61-62.

[13] 聂建峰.新商科背景下工商管理专业人才培养模式的改革与实践［J］.经济管理文摘，2019（18）：19-20.

[14] 张红艳.探究”新商科”人才培养理念：以营销类人才培养为例［J］.港口经济，2019（10）：148-149.

[15] 黄顺红，徐毅勇.基于新商业背景下的新商科人才培养模式构建［J］.当代旅游，2019（10）：1.